# NORWEGISCHE STABKIRCHEN

Ein Führer für die 29 erhaltenen
norwegischen Stabkirchen

ARFO

Gemälde «Brautfahrt in Hardanger» von P. A. Tidemand und H. Gude. Die im Hintergrund zu erkennende Stabkirche ist ein Fantasiegebäude. Foto: Norwegische Nationalgalerie

Nächste Seite: Der Laubengang in Stabkirche Hopperstad in Sogn og Fjordane

Seite 1: Stabkirche Eidsborg in Telemark

Seite 4: Stabkirche Heddal in Telemark

Seite 5: Portalteil der Stabkirche Ulvik in Hardanger, heute im Bergen Museum

# Inhalt

Norwegische Stabkirchen ............................ 12
Urnes ................................................................ 26
Kaupanger ...................................................... 34
Hopperstad ..................................................... 38
Undredal ......................................................... 40
Borgund .......................................................... 46
Røldal .............................................................. 52
Eidsborg ......................................................... 56
Heddal ............................................................ 60
Flesberg .......................................................... 66
Rollag .............................................................. 68
Nore ................................................................ 72
Uvdal .............................................................. 78
Høyjord .......................................................... 84
Gol ................................................................... 88
Torpo .............................................................. 92
Hedalen .......................................................... 98
Reinli ............................................................. 102
Hegge ............................................................ 106
Lomen ........................................................... 112
Høre .............................................................. 118
Vang .............................................................. 122
Øye ................................................................ 126
Garmo ........................................................... 128
Ringebu ........................................................ 130
Lom ............................................................... 134
Haltdalen ..................................................... 140
Kvernes ......................................................... 142
Grip ............................................................... 148
Rødven ......................................................... 152
Litteratur ..................................................... 159

*Chorportal der Stabkirche Borgund am Sognefjord*

*Nächste Seite: Altartafel in der Stabkirche Urnes am Sognefjord (1699) und bootförmiger Kerzenleuchter aus dem Mittelalter*

*Seiten 6–7: Die Stabkirche Urnes am Sognefjord ist die älteste und schönste Stabkirche. Sie steht auf der UNESCO-Liste des Welterbes*

*Seiten 8–9: Die Stabkirche Ringebu im Gudbrandsdal wurde im 17. Jahrhundert zur Kreuzkirche umgebaut*

# Norwegische Stabkirchen

*Nächste Seite: Inneneinrichtung der Stabkirche Hopperstad am Sognefjord (eine Rekonstruktion), entworfen von Architekt Peter Blix, der die Restaurierung der Kirche leitete*

Die einzigartigen Stabkirchen aus dem Mittelalter sind Norwegens wichtigster Beitrag zur Architekturgeschichte der Welt. Mehrere dieser besonderen Bauwerke stehen seit fast 900 Jahren Sommer wie Winter im Freien und trotzen Wind und Wetter. Sie werden von Architekten, Bauingenieuren und anderen Besuchern aus der ganzen Welt bewundert. Die Stabkirche Urnes, das älteste und wertvollste Mitglied der Stabkirchenfamilien, wurde 1979 in die UNESCO-Liste der Weltkulturgüter und Naturdenkmäler aufgenommen.

## Geschichte

Im Mittelalter wurden wohl mehr als 1000 Stabkirchen in Norwegen gebaut, die aller meisten von der ersten Hälfte des 12. Jahrhunderts bis 1350. Nach dem Schwarzen Tod sind nur wenige neue Stabkirchen nachgewiesen. Wie durch ein Wunder gingen die Stabkirchen im 19. Jahrhundert nicht völlig verloren. Den Malern Johannes Flintoe und I. C. Dahl und dem Verein zur Erhaltung norwegischer Geschichtsdenkmäler (Foreningen til norske Fortidsminnesmerkers Bevaring) – heute Altertumsverein (Fortidsminneforeningen) – mit einer Handvoll weiterer Enthusiasten ist es zu verdanken, dass dieses norwegische Kulturerbe gerettet werden konnte.

Doch nicht nur im 19. Jahrhundert wurden viele Stabkirchen aufgegeben. Der größte Teil verschwand wahrscheinlich im Zusammenhang mit der starken Dezimierung der Einwohnerzahl während der

*Die rot gestrichene Stabkirche Kvernes in der Gemeinde Averøy (Region Nordmøre) liegt reizvoll am Kvernesfjord. Typisch für die Kirchen in Møre sind die Stützen an den Außenwänden*

*Gemälde von H. A. van Trigt (1886): Konfirmation in der Stabkirche Hopperstad vor der Restaurierung*

*Die Stabkirche Borgund, nicht weit von Lærdal am Sognefjord*

Pestepidemie auf ein Drittel. Erst im Laufe des 17. Jahrhunderts stieg die Einwohnerzahl wieder auf den Stand vor dem Schwarzen Tod an. Man kann sich vorstellen, wie eine Holzkirche aussieht, für deren Instandhaltung mehr als 200 Jahre lang nichts getan wurde. Als wieder neue Kirchen gebaut wurden, ging man zur Blockbauweise über.

1650 war die Zahl der Stabkirchen auf 270 zurückgegangen, und um 1800 waren es nur noch rund 70. Im 19. Jahrhundert wurden etwa 40 Stabkirchen abgerissen, die letzten Anfang der 1880er Jahre.

*Die Stabkirche Fantoft stand ursprünglich in Fortun (Bezirk Sogn og Fjordane). Sie wurde 1883 abgerissen und mit der Stabkirche Borgund als Vorbild in Bergen wieder aufgebaut. 1992 fiel sie einem Brandanschlag zum Opfer. Abgebildet ist der 1997 fertiggestellte Nachbau (Bild oben)*

Von den verbleibenden Stabkirchen hat fast die Hälfte einen erhöhten Mittelraum. Von diesem Typ haben so viele Stabkirchen überlebt, weil es sich hier um die größten, schönsten und am aufwendigsten ausgeschmückten Stabkirchen handelte. Nachweislich wurden aber auch einige Prachtexemplare im 19. Jahrhundert abgerissen, unter anderem die Stabkirchen Nes und Ål im Hallingdal und die Stabkirchen Hafslo und Stedje in Sogn. Wahrscheinlich zählten die meisten der 70 um 1800 noch vorhandenen Stabkirchen zu den bedeutendsten Bauten dieser Art. Bei größerem Platzbedarf wurden sie eher ausgebaut als abgerissen. Außer den heute noch vorhandenen 29 Stabkirchen sind etwa 50 weitere gut dokumentiert. Auch sind von diesen einige Bauteile erhalten geblieben, unter anderem Portale und andere mit Holzschnitzereien ausgeschmückte Teile.

*Die Stabkirche Stedje in Sogndal war eine der größten Stabkirchen, die abgerissen wurden (1867). Zeichnung aus dem Jahr 1860 von Architekt Stockfleth. Foto: Norwegisches Zentralamt für Denkmalpflege (Riksantikvaren)*

*Nächste Seite: Perspektivischer Schnitt durch die Stabkirche Borgund zur Darstellung der Konstruktion mit erhöhtem Mittelraum. Zeichnung von G. A. Bull*

*Dieses Portalteil der Stabkirche Ulvik in Hardanger befindet sich heute im Bergen Museum, es hat große Ähnlichkeit mit dem Nordportal der Stabkirche Urnes*

Die Stabkirchen sind im Laufe ihrer Geschichte immer wieder um-, aus- und angebaut worden, und das Inventar wurde ausgetauscht, so dass sie heute Zeugnis von verschiedenen Stilepochen ablegen. Im 20. Jahrhundert wurden mehrere Stabkirchen zurückgebaut und erhielten wieder ihr «ursprüngliches» Aussehen. Nach den heutigen Restaurierungsvorstellungen und Fachkenntnissen muss dieser Rückbau nahezu als «gestalterische Freiheit» der verantwortlichen Architekten bezeichnet werden. Heute ist bei der Restaurie-rung der Kirchen oberstes Ziel, sie in ihrem gegenwärtigen Zustand zu erhalten, denn auch mit einem nicht ganz «korrekten» Aussehen sind sie Zeugnisse der betreffenden Zeit und des jeweils vorherrschenden Geschmacks.

Etwa die Hälfte der Stabkirchen wird heute noch als gewöhnliche Gemeindekirche genutzt, während andere eher Museumscharakter haben und Gottesdienste nur bei besonderen Anlässen wie Trauung und Taufe stattfinden. Der Altertumsverein (Fortidsminneforeningen) besitzt und verwaltet acht Stabkirchen, und drei Stabkirchen stehen in Freilichtmuseen.

Wenn wir die heutigen Stabkirchen kritisch betrachten, sind mehrere streng genommen gar keine Stabkirchen. Zum Beispiel haben die Stabkirchen Øye, Garmo und Flesberg nur noch wenige authentische Bauteile. Zu den 28 Stabkirchen in Norwegen kommt eine norwegi-sche Stabkirche in Polen hinzu. Als die Stabkirche

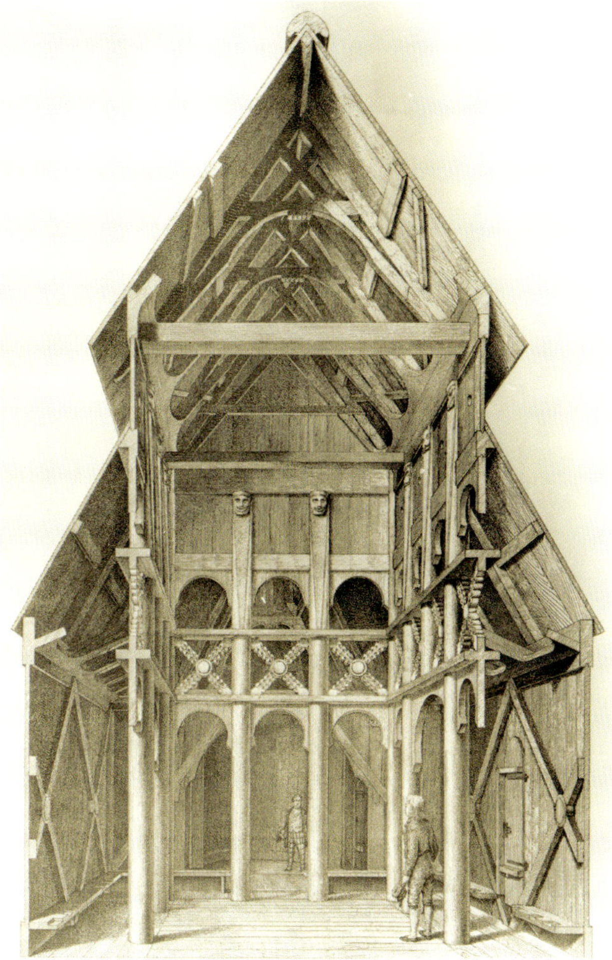

Vang 1841 abgerissen werden sollte, zeigte der preußische König Friedrich Wilhelm IV. Interesse, kaufte sie und ließ sie abbauen. Nach vorübergehender Lagerung in der Nähe von Berlin wurde sie im heutigen Polen – damals Schlesien – wieder aufgebaut. Außerdem wurde kürzlich nachgewiesen, dass die Stabkirche Grip erst im 17. Jahrhundert entstand.

## Bauweise

Konstruktionsmäßig sind die Stabkirchen eine technische Meisterleistung. Im Laufe der Zeit haben sie immer wieder starke Stürme überstanden. Nur eine einzige Stabkirche wurde nachweislich von einem Sturm erfasst.

Stabkirche Hemsedal, 1874 von T. A. Trageton fotografiert. Die Kirche wurde 1882 abgerissen

Stabkirche Nes im Hallingdal, 1848 von Johan Flintoe gezeichnet. Die Kirche wurde 1864 abgerissen

Stabkirche Heddal in Telemark, gezeichnet von F.W. Schiertz in 1837

Die Stäbe – die tragenden Säulen oder Masten – haben den Stabkirchen ihren Namen gegeben. Es gibt aber auch viele andere konstruktionsmäßige Elemente, die man nur in diesen Bauwerken findet. Die Portale haben zwar keine bauliche Funktion, sind aber trotzdem mehr oder weniger einzigartig.

Die Handwerker des Mittelalters legten Wert darauf, nur gutes Baumaterial zu verwenden – fast ausschließlich Kernholzkiefern, die mehrere hundert Jahre lang ungestört gewachsen waren. Die Stämme trockneten mehrere Sommer lang mit der Wurzel, bevor man sie weiterverarbeitete. Kernholzkiefern enthalten viel Harz, das als natürliches Konservierungsmittel dient. Bei einer Untersuchung der Stabkirchen im Numedal vor einigen Jahren stellte sich heraus, dass das Holz auf dem dunklen Dachboden so aussah, als hätte man es gerade erst gefällt.

Auch die Fundamentierung hat dazu beigetragen, dass die Stabkirchen sich so lange halten konnten. Sie stehen nicht auf der Erde, sondern auf einer Grundmauer aus Stein und somit luftig und trocken. Man hatte offensichtlich aus den Problemen mit den eingegrabenen Pfosten der früheren Kirchen etwas gelernt. Diese Pfostenkirchen standen nicht lange, vielleicht nicht viel mehr als 100 Jahre.

Wahrscheinlich wurden mehrere Kirchen jeweils von einer Gruppe von Handwerkern errichtet. In der Stabkirche Torpo wurden mehrere Runeninschriften gefunden. In einer davon heißt es: «Torolf baute diese Kirche ...», und dann werden sieben Personen aufgezählt, vermutlich seine Gesellen. Die gleiche Inschrift fand man auch in der abgerissenen Stabkirche Ål, allerdings mit anderen Namen von Gehilfen. Dieser Torolf war wahrscheinlich ein Kirchenbaumeister, der von Ort zu Ort zog.

Es ist wenig darüber bekannt, ob die Baumeister und Handwerker Zeichnungen verwendeten, vielleicht ritzten sie Skizzen in das Holz oder in Schieferplatten. Eine Stabkirche mit erhöhtem Mittelraum kann aus bis zu 2000 verschiedenen Teilen bestehen, und das meiste wurde passgenau vorgefertigt. Alle Bauteile wurden ohne Nägel zusammengefügt.

Stabilisierungsprobleme wurden auf eine höchst raffinierte Art konstruktiv gelöst. Ein komplexes System mit Knaggen, Streben und Bändern sorgte für die Standfestigkeit der Kirche.

## Stabkirchentypen

Die älteste Stabkirche ist die von Urnes. Borgund ist allerdings die authentischste und nicht zuletzt die typischste, was die äußere Er-

*Stabkirche Hafslo am Sognefjord, 1830 von Knut Baade gemalt. Die Kirche wurde 1878 abgerissen. Foto: Norwegisches Zentralamt für Denkmalpflege (Riksantikvaren)*

scheinung betrifft – mit mehrstufigen Dächern, Vorbauten, Laubengängen und geschnitzten Drachenköpfen am Ende der Dachfirste.

Fast die Hälfte der erhaltenen Stabkirchen gehört zum Typ mit erhöhtem Mittelraum, einige haben einen Mittelmast und sind somit zum sogenannten Møretyp zu rechnen. Es besteht jedoch Grund zur Annahme, dass der einfachste und kleinste Typ, mit einem etwas größeren Schiff und schmalerem Chor, wie die Stabkirche Haltdalen, im Mittelalter am meisten verbreitet war.

Geografisch waren die Stabkirchen über das ganze Land verteilt. Leider sind aus den nördlichsten Verwaltungsbezirken keine Stabkirchen überliefert, wahrscheinlich weil sie wegen des härteren Klimas schneller baufällig wurden. Viele der erhaltenen Stabkirchen befinden sich am Sognefjord (5), in Valdres (6) und im Numedal (4), also in Gebieten mit einem günstigen, trockenen Klima. Valdres und Sogn sind auch nicht weit voneinander entfernt. Deswegen haben die Stabkirchen dort viele Gemeinsamkeiten, was die Bezeichnung Sogn-Valdres-Typ erklärt.

Auf dem „flachen Land" von Ostnorwegen, in Trøndelag und in Rogaland waren Steinkirchen stärker verbreitet. Von den fast 300 im Mittelalter erbauten Steinkirchen stehen noch rund 150.

## Inventar

Für die Inneneinrichtung der Stabkirchen im Mittelalter gibt es keine Überlieferungen. Auch die authentischste Stabkirche, Borgund, wurde im 19. Jahrhundert mehrfach umgebaut. Heute ist diese Kirche fast leer. Nach der Reformation ging es darum, das Inventar zu erneuern. Die Chorabtrennung war nicht mehr so wichtig, und der größte Teil der Ausschmückung aus der katholischen Zeit – Madonna- und Heiligenfiguren, Kruzifixe und Ähnliches – wurde aus den Kirchen entfernt. Einzelstücke wurden glücklicherweise aufbewahrt und sind heute in den Kirchen oder in Museen ausgestellt.

## Bedeutung und zukunft der stabkirchen

Trotz der vielen Abänderungen sind die Stabkirchen ein Kulturschatz, mit dem sich nur wenige andere Kulturdenkmäler in Norwegen messen können. Sie werden von Touristen aus der ganzen

*Die Stabkirche Heddal in Telemark ist die größte Stabkirche. Die meisten ursprünglichen Bauteile sind erhalten, unter anderem vier schöne Portale*

*Vorige Seite: Die kunstvoll bemalte gewölbte Decke der abgerissenen Stabkirche Ål im Hallingdal befindet sich jetzt im Kulturhistorischen Museum Oslo*

*Limoges-Kerzenleuchter aus der Stabkirche Urnes (Bezirk Sogn og Fjordane). Es handelt sich hier um Seltenheiten, die normalerweise nicht in der Stabkirche aufbewahrt werden*

*Die Stabkirche Undredal im Bezirk Sogn og Fjordane ist das kleinste Mitglied der Stabkirchenfamilie. Wie die anderen Kirchen am Sognefjord ist sie wunderschön gelegen*

Welt besichtigt und bewundert – von Architekten, Bauingenieuren, Kunsthistorikern und Menschen wie du und ich. Alle möchten sich die sinnreichen Konstruktionen, die äußere Gestalt und die Kirchenkunst ansehen und nicht zuletzt die besondere Atmosphäre eines Kirchenraums aus dem Mittelalter in sich aufzunehmen.

Zum Glück deutet nichts darauf hin, dass die Stabkirchen in naher Zukunft verschwinden werden. In der Regel befinden sie sich in einem relativ guten Zustand. Durch das «Stabkirchenprogramm» des Norwegischen Zentralamts für Denkmalpflege (Riksantikvaren) wird dafür Sorge getragen, dass alle Stabkirchen baulich instand gesetzt und instand gehalten werden, dass Ornamente und Einrichtungsgegenstände konserviert werden und dass die notwendigen Nachweise vorhanden sind. 2010 ist die Instandsetzung von 21 der 28 Stabkirchen abgeschlossen, und für den Rest soll das 2015 der Fall sein.

Die größte Gefahr sind jedoch Brände. So ging 1992 die Stabkirche Fantoft in Bergen durch einen Brandanschlag verloren. Wir können nur hoffen, dass die Stabkirchenfamilie in den kommenden Jahren nicht kleiner wird und dass auch kommende Generationen große Freude an diesem einzigartigen Kulturerbe haben können.

*Seiten 24–25: Andreaskreuze in der Stabkirche Hopperstad am Sognefjord*

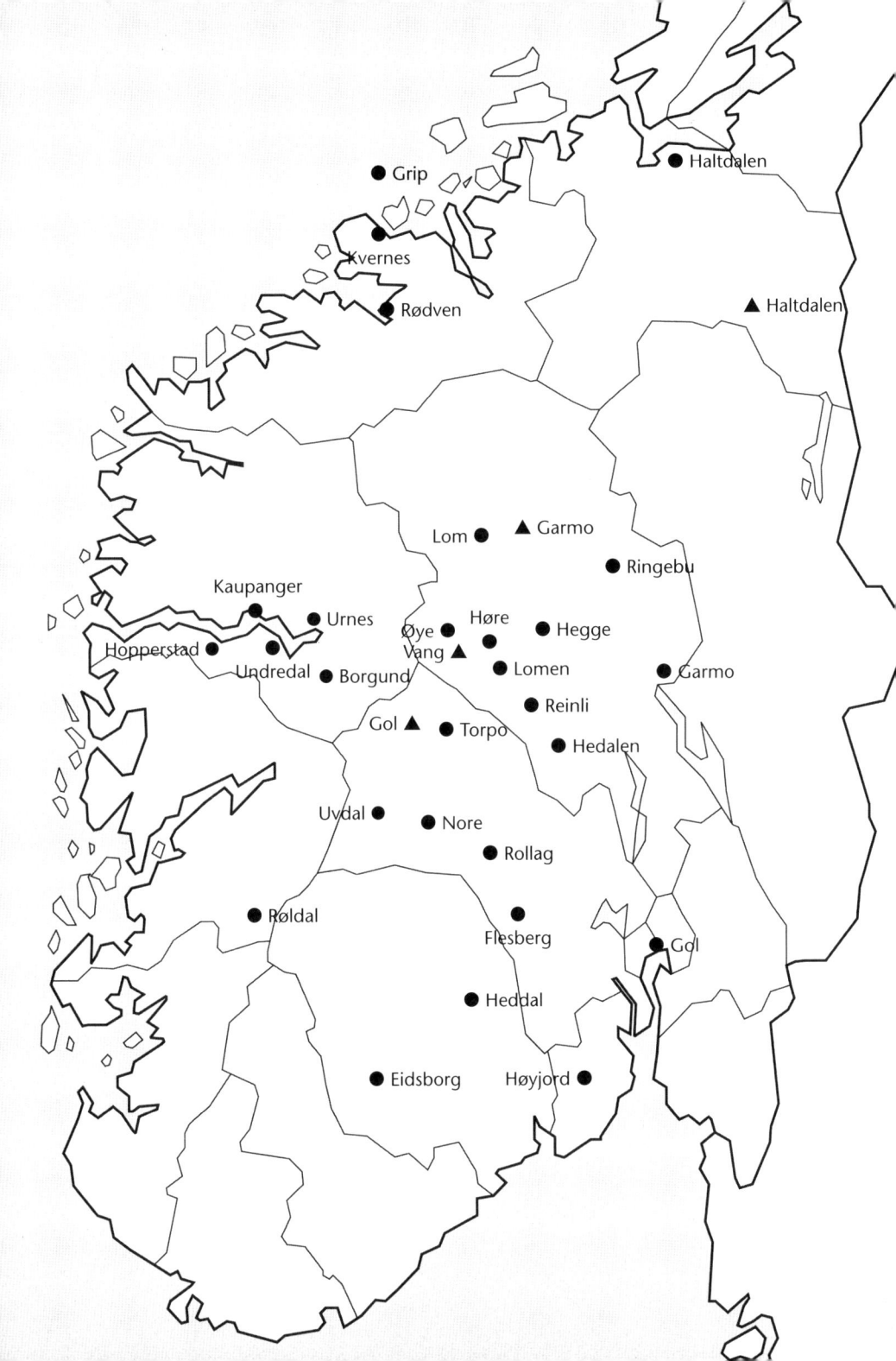

# URNES

Die hübsche Stabkirche Urnes steht auf einem Plateau am inneren Ende des Sognefjords

Gemeinde Luster (Bezirk Sogn og Fjordane). Die älteste Stabkirche, erbaut um 1130. Stabkirche mit erhöhtem Mittelraum. Nordportal aus dem 11. Jahrhundert und 50 geschnitzte Würfelkapitelle. Seit 1979 auf der UNESCO-Liste des Welterbes. Eigentum des Altertumsvereins (Fortidsminneforeningen)

Das Nordportal stammt von einer früheren Kirche (zweite Hälfte des 11. Jahrhunderts)

Die Stabkirche Urnes ist die älteste und wertvollste Stabkirche und wurde deshalb 1979 in die UNESCO-Liste des Welterbes aufgenommen. Sie steht auf einem Plateau hoch über dem Lustrafjord, am inneren Ende des Sognefjords, und ragt majestätisch in der großartigen Landschaft empor. Die heutige Abgeschiedenheit hat sicher dazu beigetragen, dass sie als Bauwerk erhalten geblieben ist. In früheren Zeiten war ihr Standort strategischer und zentraler. Auch diese Stabkirche war vom Abriss bedroht, wurde aber 1881 vom Altertumsverein (Fortidsminneforeningen) erworben.

Auf der Nordseite des Schiffes ist das größte Juwel zu finden, ein Prachtportal und zwei Holzbretter mit ungewöhnlich tiefer Schnitzerei. Sie wurden auf die zweite Hälfte des 11. Jahrhunderts datiert und stammen von einer früheren Kirche am selben Standort.

Die Stabkirche hat einen erhöhten Mittelraum und ist eine sogenannte Säulenkirche, bei der alle Säulen bis auf den Fußboden reichen. Die tragende Konstruktion ist intakt, abgesehen von zwei Säulen am Ostende des Schiffes. Diese wurden schon im 12. Jahr-

*Kirchenraum nach Osten. Zwei der Säulen wurden schon im 12. Jahrhundert unten gekürzt, um Platz für das Baldachin und Maria-Altar zu schaffen. Zur Abstützung wurden Kreuzstreben eingebaut im 17. Jahrhundert*

*Stabkirche Urnes, 1837 von F. W. Schiertz gezeichnet*

hundert unten gekürzt. Zur Abstützung und Stabilisierung wurden Kreuzstreben eingebaut im 17. Jahrhundert

Alle Säulen sind mit kunstvoll geschnitzten Würfelkapitellen versehen. Auf drei Seiten sind Reliefs von Figuren und Fabeltieren zu sehen.

Vom ursprünglichen Inventar ist im Grunde wenig vorhanden. Doch die hoch oben an der Ostwand des Schiffes hängende Kreuzigungsgruppe aus dem späten 12. Jahrhundert – Christus, Maria und Johannes – ist als romanische Holzskulptur ein echtes Kleinod. Eine prachtvolle Madonnafigur und eine andere Heiligenfigur, beide aus dem 13. Jahrhundert, befinden sich im Bergen Museum. Zwei sehr seltene Limoges-Kerzenleuchter aus dem 13. Jahrhundert werden in einem Schließfach in Sogndal aufbewahrt.

Eigentümer und Verwalter dieser Museumskirche ist der Altertumsverein (Fortidsminneforeningen). Sie ist in der Sommersaison für Besucher geöffnet.

*Sämtliche Säulen enden oben in Würfelkapitellen mit Reliefs auf drei Seiten, zum großen Teil mit Darstellungen von Fabeltieren*

*Alle Masten stehen auf dem Fußboden. Daher werden solche Kirchen auch Mastenkirchen genannt. Dieser Typ ist vor allem am Sognefjord zu finden, aber auch die Stabkirche Lom ist ähnlich gebaut*

*Nordwand in der späten Abendsonne*

*Die Seitenteile der Kirchenbänke stammen vom Umbau im 1660*

*Seiten 24–25: Umgeben von einer majestätischen Landschaft erhebt sich die Stabkirche Urnes hoch über dem Sognefjord*

*Die Kreuzigungsgruppe – Christus, Maria und Johannes – stammt aus dem 12. Jahrhundert. Foto: Norwegisches Zentralamt für Denkmalpflege (Riksantikvaren)*

*In der Stabkirche wird auch ein liturgisches Gewand von 1681 aufbewahrt*

*Chor mit Altartafeln von 1699. Der Bischofsstuhl ist aus dem 12. Jahrhundert*

# KAUPANGER

Die Stabkirche Kaupanger erhielt bei einer Restaurierung in den 1960er Jahren wieder ihr «ursprüngliches» Aussehen

Gemeinde Sogndal (Bezirk Sogn og Fjordane). In der zweiten Hälfte des 12. Jahrhunderts erbaut. Stabkirche mit erhöhtem Mittelraum. Altartafel und Kanzel aus dem 17. Jahrhundert. Eigentum des «Riksantikvaren», Verwaltung durch den Altertumsverein

Kaupanger («Handelsplatz») war der alte Marktort im Binnenland von Sogn. Die Stabkirche liegt in einer relativ flachen Gegend mit fruchtbarem Boden, nicht weit vom Gut Kaupanger entfernt, dem prachtvollsten und reichsten Hof am Sognefjord.

Die hoch emporragenden Säulen, neun auf jeder Längsseite, bilden einen beeindruckenden langen Raum. Man hat das Gefühl, dass nicht nur der Mittelraum erhöht ist.

Der größte Teil der tragenden Konstruktion ist intakt.

Vom vorreformatorischen Inventar der Kirche ist nicht viel übrig geblieben, das meiste stammt aus dem 17. Jahrhundert. Die Wandbemalung ist ebenso alt. Einige der Gegenstände werden im Bergen Museum aufbewahrt.

Das Äußere der Kirche geht auf die von Architekt Kristian Bjerknes geleitete Renovierung in den 1960er Jahren zurück und entspricht einem früheren Zustand.

Die Stabkirche Kaupanger ist Eigentum des Norwegischen Zentralamts für Denkmalpflege (Riksantikvaren) und wird vom Altertumsverein (Fortidsminneforeningen) verwaltet. Gelegentlich finden hier kirchliche Handlungen statt. In der Sommersaison ist die Kirche für Besucher geöffnet.

Nächste Seite: Chor mit Altartafel und Taufbecken aus dem 17. Jahrhundert. Der Chorbogen stammt aus dem Mittelalter

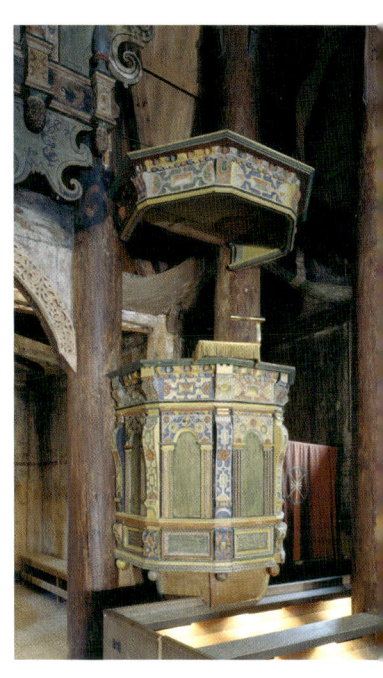

*Kennzeichnend für den Kirchenraum sind die hohen Säulen. Die Bänke aus den 1960er Jahren passen gut zum mittelalterlichen Charakter des Raumes*

*Kanzel, Altartafel und Epitaph stammen aus dem 17. Jahrhundert*

*Vorige Seite: Stabkirche Kaupanger in drei Phasen – 1830 (Gemälde von Knut Bakke), 1862 bis zur Restaurierung 1965 und nach der Restaurierung*

# HOPPERSTAD

*Die Stabkirche liegt sehr reizvoll etwa einen Kilometer vom Fjord entfernt*

*Gemeinde Vik (Bezirk Sogn og Fjordane). Mitte des 12. Jahrhunderts erbaut. Stabkirche mit erhöhtem Mittelraum, 1885–91 restauriert. Gotischer Baldachin über einem der Seitenaltäre, Altartafel von 1621. Eigentum des Altertumsvereins*

*Nächste Seite: Geschnitzter Königinnenkopf auf dem Baldachin über dem Seitenaltar*

Im idyllischen Vik am Sognefjord stehen zwei Kirchen aus dem Mittelalter, die Stabkirche Hopperstad und die Steinkirche Hove. Nur wenige Orte in Norwegen können sich mit zwei derartigen Kleinoden schmücken.

Die Stabkirche war im 19. Jahrhundert stark verfallen und sollte abgerissen werden, sobald die neue Kirche Vik fertig gestellt war (1877). Zum Glück wurde die alte Kirche im letzten Moment vom Altertumsverein (Fortidsminneforeningen) in Bergen erworben. Dessen Vorsitzender, Architekt Peter Blix, restaurierte die Stabkirche in den 1880er Jahren selbst so, wie wir sie noch heute bewundern können.

Konstruktionsmäßig ist die Stabkirche Hopperstad mit den Stabkirchen in Urnes und Kaupanger verwandt. Alle haben einen erhöhten Mittelraum, und konstruktive Teile aus dem Mittelalter sind erhalten. Die Stabkirche Hopperstad hat drei Portale: das große Westportal und zwei kleinere, aber seltene Portale.

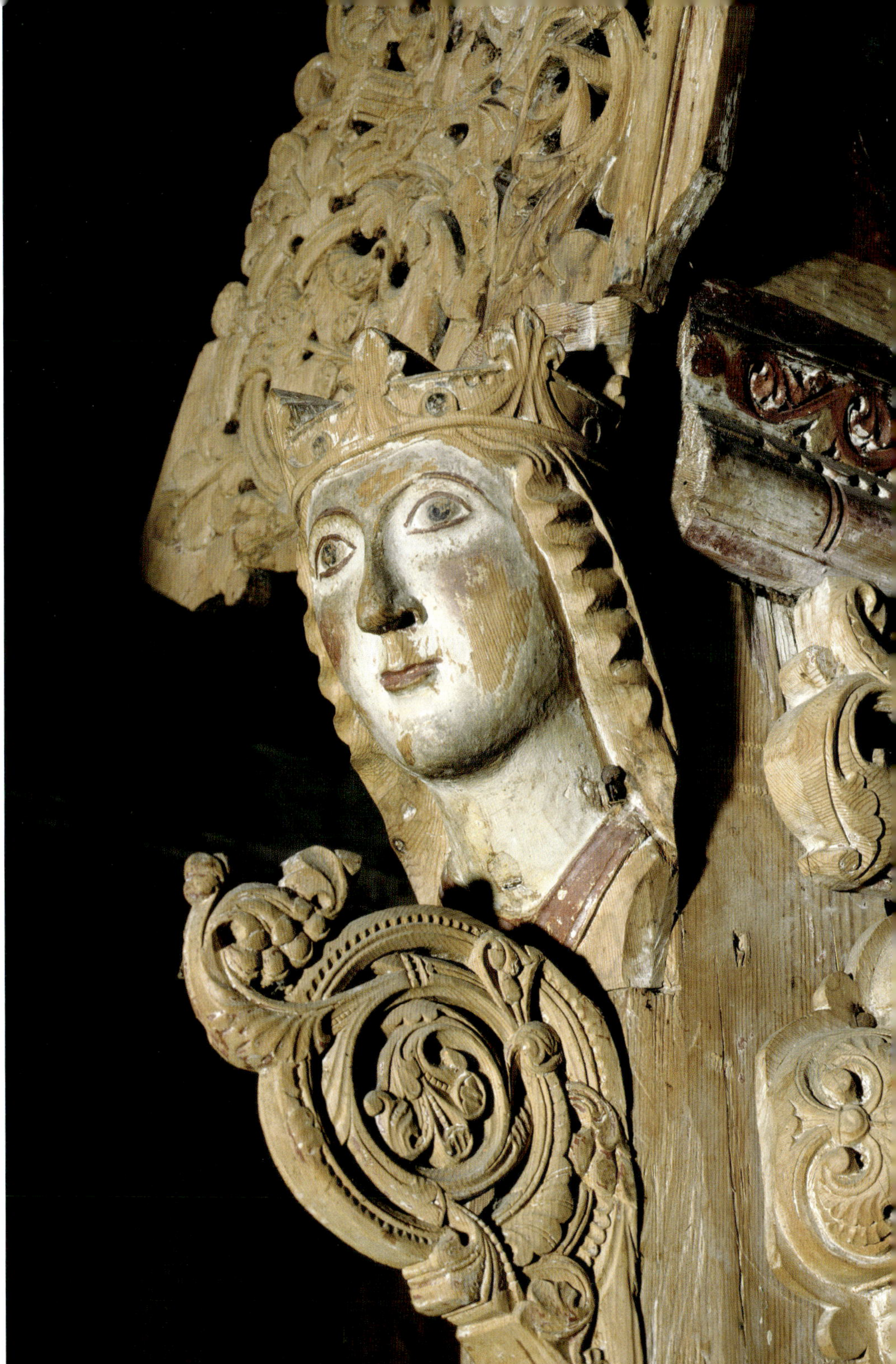

Die Chortrennwand befand sich ursprünglich nicht in dieser Kirche, stammt aber aus dem Mittelalter und ist die einzige in einer Stabkirche erhaltene Chortrennwand. Die Öffnungen im gotischen Stil gehen wahrscheinlich auf einen Umbau im 13. Jahrhundert zurück.

An Mittelalterinventar ist vor allem der Baldachin aus dem 14. Jahrhundert über einem der Seitenaltäre zu erwähnen. Es handelt sich hier um eine einfache Stabkonstruktion mit kunstvollen Schnitzereien, die Decke unter dem Baldachin ist mit Szenen aus Marias Leben bemalt.

Die Stabkirche Hopperstad ist heute Museumskirche und Eigentum des Altertumsvereins (Fortidsminneforeningen).

*Die Chortrennwand in Hopperstad ist die einzige aus dem Mittelalter erhaltene Trennwand in einer Stabkirche. Sie stammt wahrscheinlich von einem Umbau im 13. Jahrhundert.*

*Altarbaldachin aus dem 14. Jahrhundert über einem der Seitenaltäre mit reicher Holzschnitzerei, auf der Unterseite des gewölbten Baldachins gemalte Szenen aus Jesu Kindheit*

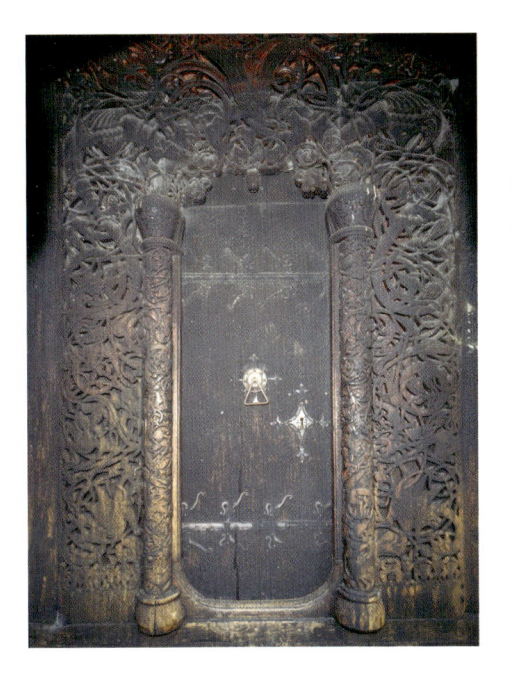

*Das Westportal ist das größte der drei erhaltenen Portale. Der obere Teil wurde im Rahmen der Restaurierung in den 1880er Jahren rekonstruiert*

*Die Stabkirche hat einen erhöhten Mittelraum und ist ähnlich konstruiert wie die von Urnes, wo alle Masten auf dem Fußboden stehen. Charakteristisch sind der schöne Seitenaltar und Peter Blix' Grabstätte unter dem Fußboden*

Als der Altertumsverein (Fortidsminneforeningen) 1881 die Stabkirche erwarb, war sie schon stark verfallen. Sie wurde im gleichen Jahrzehnt mit der Stabkirche Borgund als Vorbild im Äußeren restauriert und später baulich nicht mehr verändert

Bei der Altartafel von 1621 handelt es sich um eine Katechismustafel

Nächste Seite: Massive Masten mit großen glockenförmigen Basen verstärken den sakralen Charakter des Raums

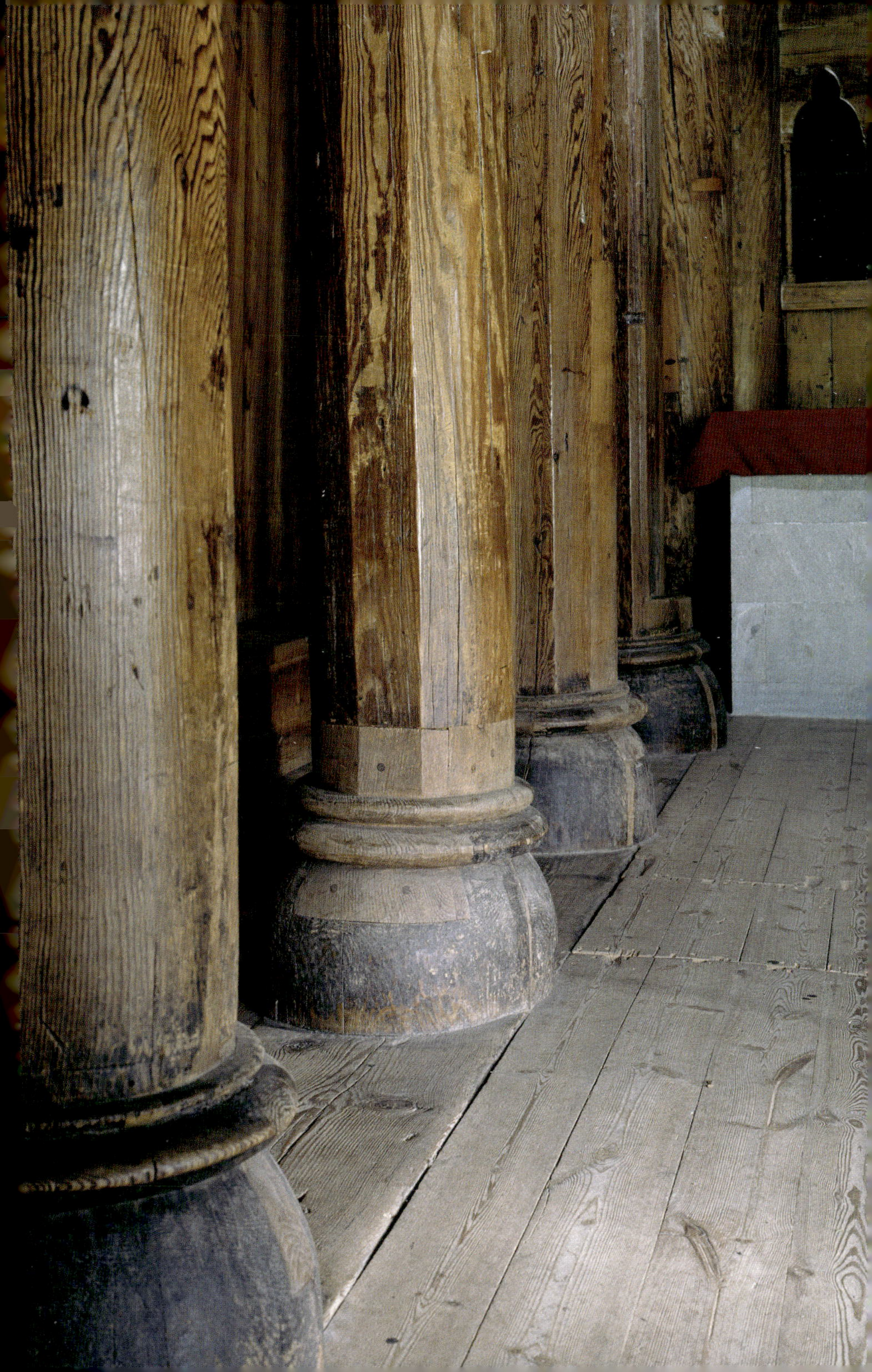

# UNDREDAL

*Die großartige Fjordlandschaft von Undredal gibt der Kirche eine perfekte Kulisse*

*Gemeinde Aurland (Bezirk Sogn og Fjordane). Vermutlich zwischen 1200 und 1300 erbaut. Einschiffige Langkirche, 1722 nach Westen erweitert. Kanzel von 1696. Kleine Glocke aus dem Mittelalter*

Undredal ist ein kleiner malerischer Ort am Sognefjord, der erst 1988 an das Straßennetz angebunden wurde. Die weiß gestrichene Stabkirche liegt idyllisch auf einem kleinen Plateau oberhalb des Ortes und hat am ehesten Ähnlichkeit mit Kirchen aus dem 17. Jahrhundert, wobei die Fenster der Mode des 19. Jahrhunderts entsprechen. Dass es sich hier um eine Stabkirche handelt, wurde erst Anfang des 20. Jahrhunderts festgestellt.

Trotz baulicher Veränderungen im Laufe der Jahrhunderte sind die Stabkonstruktion des Schiffes und das Dachgebälk im Wesentlichen intakt. Außer einigen sichtbaren Teilen der Stabkonstruktion ist jedoch von der Mittelalterkirche nicht viel übrig geblieben. Die Kirche wurde im 17. und 18. Jahrhundert bemalt, und die Farben bestimmen den Eindruck im Inneren. Auch das ursprüngliche Inventar aus dem Mittelalter ist nicht mehr vorhanden – mit Ausnahme der im Kirchenschiff neben der Eingangstür hängenden kleinen Glocke.

Die Stabkirche Undredal ist eine gewöhnliche Gemeindekirche.

*Ausschnitt aus der gemalten Decke mit Sternenhimmel, Engeln und Fabeltieren*

*Abgesehen von den Eckpfosten des Kirchenschiffes erinnert nicht viel an eine Stabkirche. Im Innenraum herrscht die Ausschmückung des 17. und 18. Jahrhunderts vor*

# BORGUND

*Die Stabkirche Borgund ist die ursprünglichste aller Stabkirchen. Sie war Vorbild für die Stabkirchen in Hopperstad und Gol*

*Gemeinde Lærdal (Bezirk Sogn og Fjordane). In der zweiten Hälfte des 12. Jahrhunderts erbaut. Stabkirche mit erhöhtem Mittelraum. Drei Portale, Glockenturm in Stabbauweise (17. Jahrhundert). Altartafel (1654), Kanzel (ca. 1550). Eigentum des Altertumsvereins*

Borgund ist die Stabkirche der Stabkirchen, denn sie ist die authentischste von allen. Mit ihren mehrstufigen Dächern, den Turmspitzen und Drachenköpfen und der Holzschindelverkleidung wie früher ist sie das Symbol aller Stabkirchen. Beim Wiederaufbau der Stabkirchen Gol und Hopperstad diente sie deswegen als Vorbild.

Doch auch die Stabkirche Borgund konnte dem Modedruck des 19. Jahrhunderts nicht ganz standhalten. Nach Fertigstellung der neuen Kirche (1868) wurde die Stabkirche nicht mehr benutzt. 1877 wurde sie vom Altertumsverein (Fortidsminneforeningen) erworben, und alles, was nach der Reformation hinzugekommen war, wurde entfernt.

Die Kirche hat einen wunderschönen Standort am unteren Ende des schmalen, reizvollen Tals und ist das Ziel von Besucherinnen und Besuchern aus der ganzen Welt. Bis vor Kurzem führte die Europa-straße 16 an ihr vorbei, was für die hohen Besucherzahlen nicht ganz unwichtig war. Heute fährt man stattdessen durch einen Tunnel, aber der kleine Abstecher zur Kirche lohnt sich unbedingt.

Borgund hat einen erhöhten Mittelraum mit einer beeindruckenden tragenden Konstruktion. Der kleine Kirchenraum vermittelt ein Gefühl von Nähe und Zuwendung. Vom Mittelalterinventar ist nichts erhalten geblieben, mehrere Gegenstände aus späterer Zeit

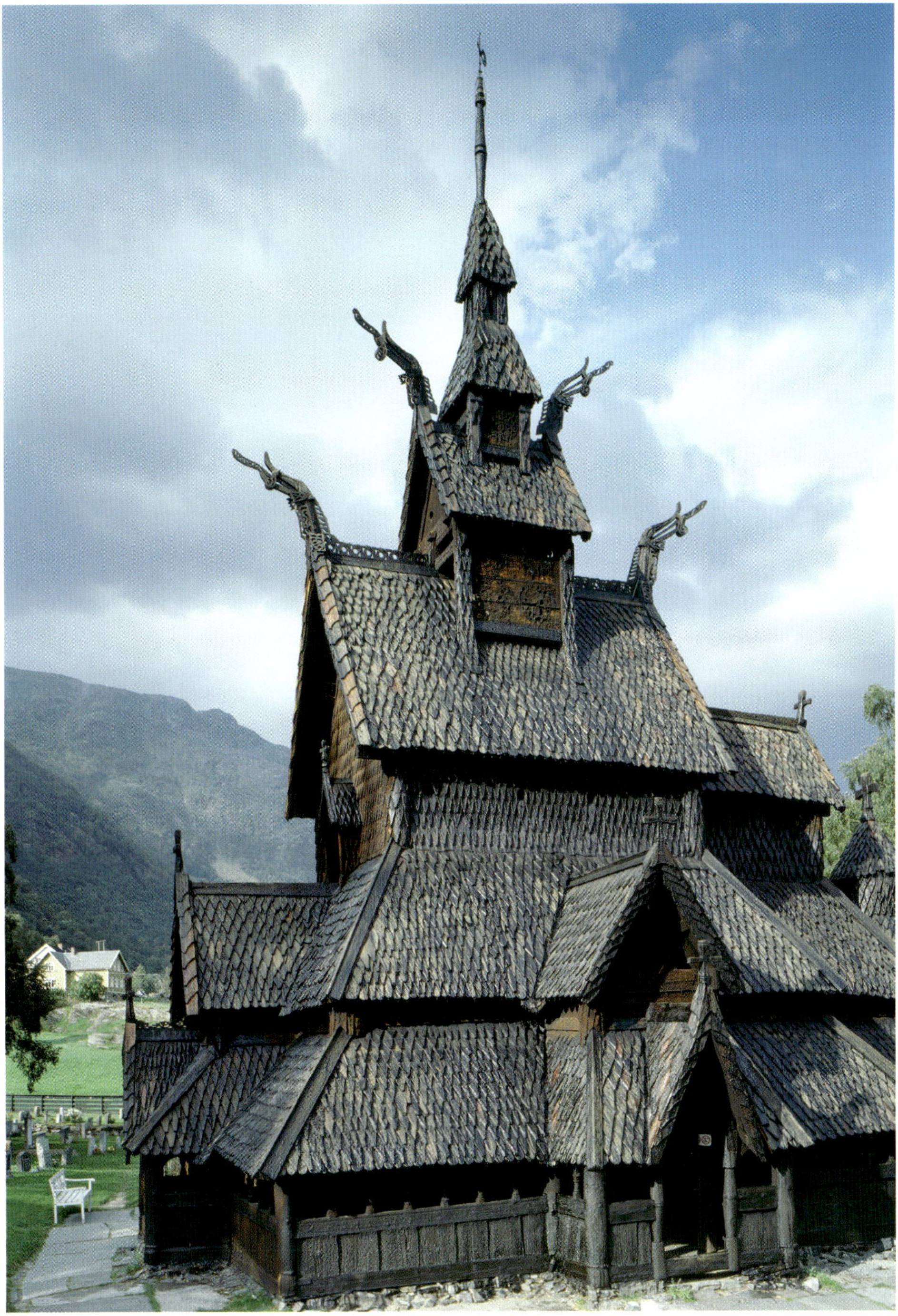

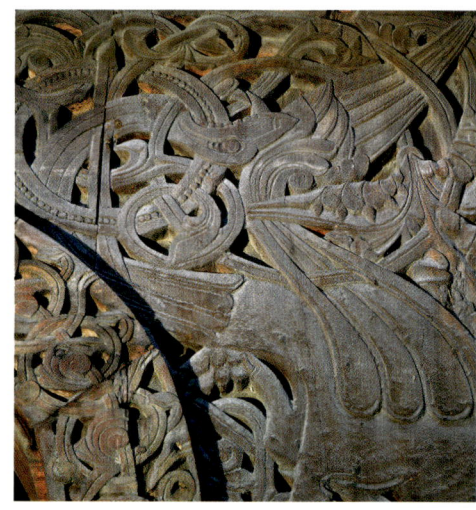

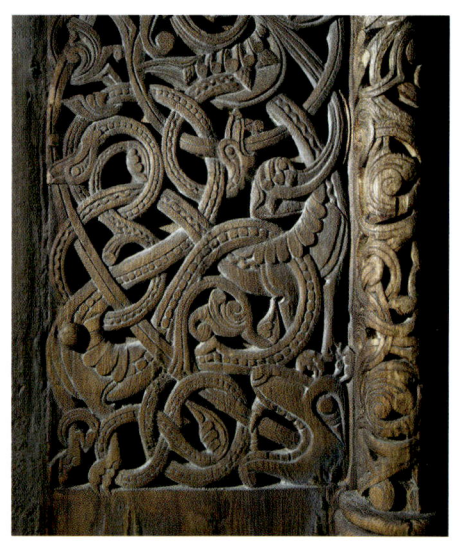

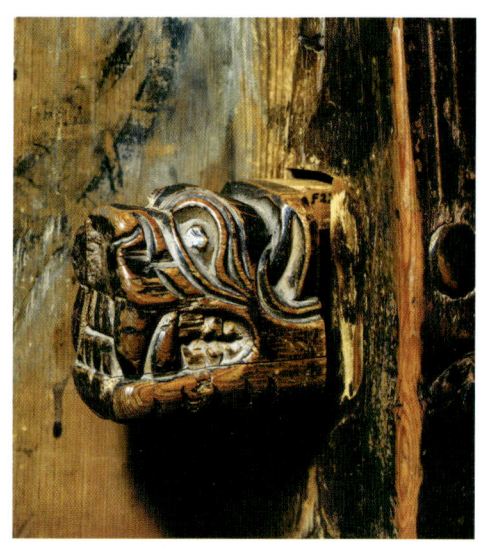

*Die Stabkirche Borgund ist an den Portalen und im Inneren der Kirche mit viel Schnitzwerk ausgeschmückt*

befinden sich im Bergen Museum. So ist in der Kirche selbst kein Inventar mehr vorhanden, abgesehen von einer Kanzel aus dem 16. Jahrhundert und einer Altartafel aus dem 17. Jahrhundert.

Die Stabkirche hat drei Portale: das Westportal und das Südportal im Schiff und ein Chorportal. Diese sind durch den Laubengang überdacht und gut erhalten.

Als reine Museumskirche ist Borgund die meiste Zeit des Jahres geöffnet. 2006 wurde ca. 300 Meter von der Stabkirche entfernt ein Besucherzentrum mit einer Ausstellung über die Entwicklung der Stabkirchen eröffnet.

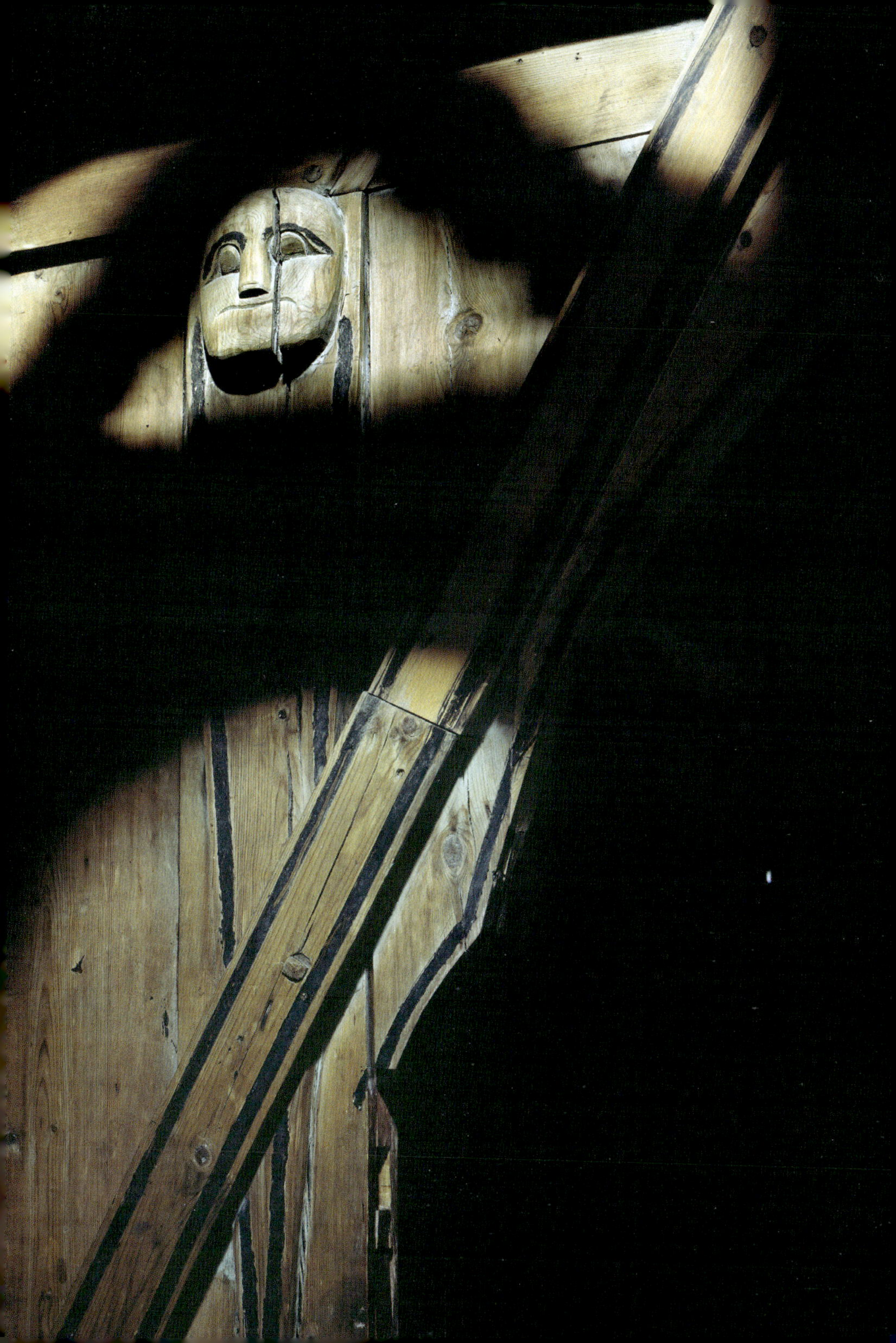

*Auf der Innenseite der Außenwände dienen Kreuzstreben (große Andreaskreuze) als Versteifung*

*Konstruktion des erhöhten Mittelraums*

*Durch die Westwand des Kirchenschiffes sieht man Altartafel (1654) und Kanzel (ca. 1550)*

*Nächste Seite: Westportal mit hübschem Schnitzwerk und dahinter die Andreaskreuze*

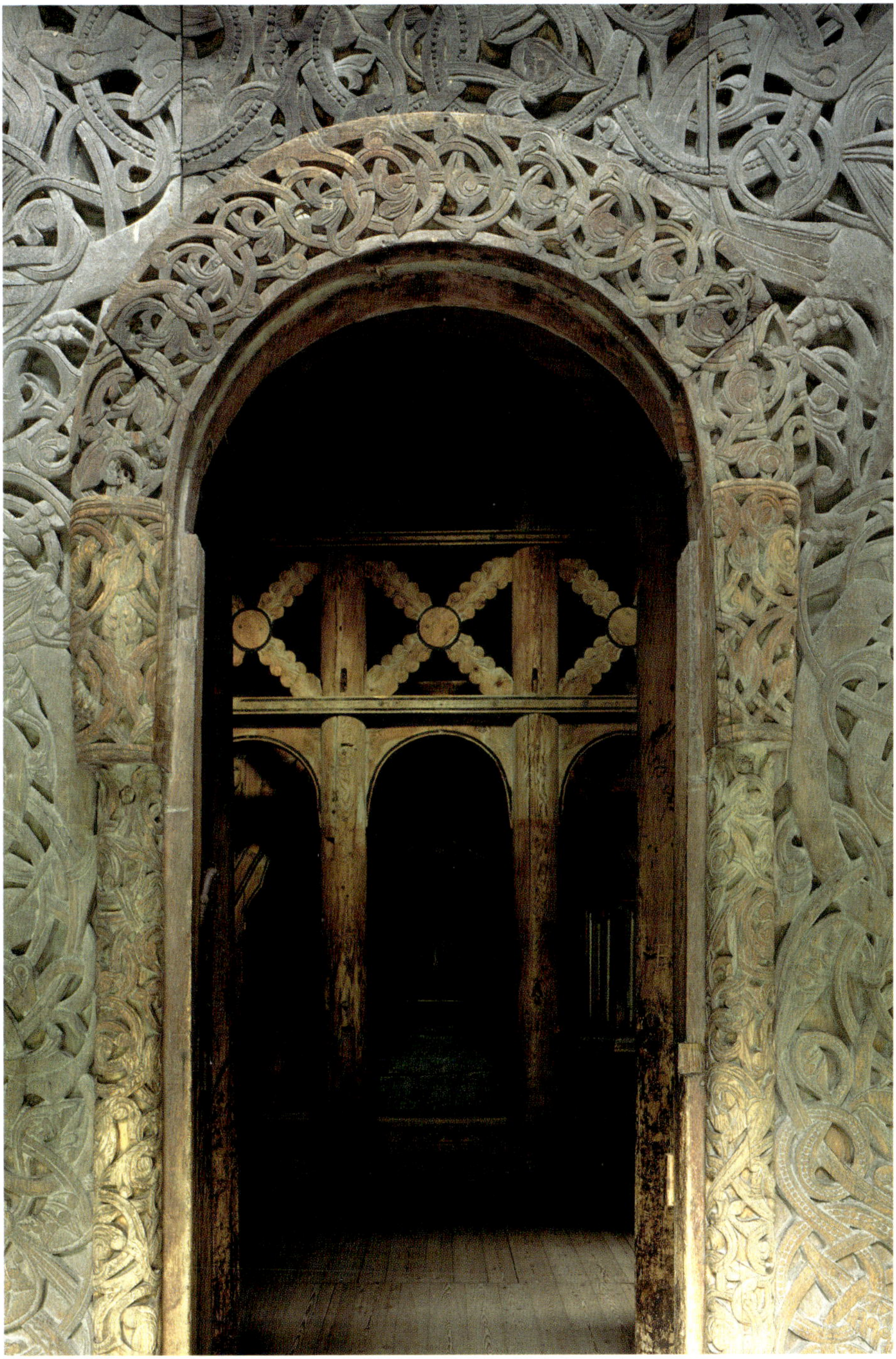

# RØLDAL

*Die Stabkirche liegt unten im Tal, nicht weit vom See Røldalsvatnet entfernt*

*Die für das Kirchenschiff charakteristischen Kreuzstreben sind auch hinter der Kanzel (1627) zu sehen*

> Gemeinde Odda (Bezirk Hordaland). Um 1250 erbaut. Einfache Langkirche, 1844 baulich verändert, 1917 restauriert. Kruzifix aus dem 13. Jahrhundert, Altartafel von 1629, Kanzel von 1627. Mehrere Gegenstände aus dem Mittelalter im Bergen Museum

Die Stabkirche Røldal steht am Rand der gleichnamigen Ortschaft in schöner Lage am See Røldalsvatnet.

Die Stabkirche wird vom großen Westturm beherrscht, und die umfassende Restaurierung in den Jahren 1915–18 ist ihr anzusehen. Von außen deutet nur der Laubengang darauf hin, dass es sich um eine Stabkirche handelt.

Im Inneren machen sich die kräftigen Farben stark bemerkbar. Sie gehen auf die letzte Restaurierung zurück, bei der man versuchte, die unter mehreren Farbschichten gefundene Ausschmückung des 17. Jahrhunderts wiederherzustellen. Die Stabkirchenkonstruktion ist jedoch intakt und im Kirchenraum wie im Laubengang gut sichtbar. Die Kreuzstreben zur Versteifung der Wände sind vielleicht das wichtigste Merkmal dieser Kirche.

An Mittelalterinventar findet sich nicht viel in der Stabkirche, nur ein Kruzifix aus dem 13. Jahrhundert über der Chooröffnung und ein Taufbecken aus Speckstein. Mehrere andere Gegenstände aus der Kirche werden im Bergen Museum aufbewahrt, unter anderem eine Figur «Maria mit dem Kind», ein Altarschrein mit einer Figur des heiligen Olav aus dem 13. Jahrhundert und ein Altarantependium aus dem frühen 14. Jahrhundert.

Die Stabkirche Røldal ist nach wie vor eine gewöhnliche Gemeindekirche. Sie ist in der Sommersaison für Besucher geöffnet.

MANET IN

*Altartafel von 1627. Die Chorbemalung stammt aus der gleichen Zeit*

*Typisch für diese Stabkirche ist die Ausschmückung aus dem 17. Jahrhundert. Der größte Teil der ursprünglichen Konstruktion wird von der Bemalung verdeckt, nur die Kreuzstreben sind deutlich erkennbar*

*Mittelalterkruzifix über dem Chorbogen aus dem 13. Jahrhundert*

*Holzskulptur «Maria mit dem Kind» aus dem 13. Jahrhundert und Altarfrontale aus der ersten Hälfte des 14. Jahrhunderts – heute im Bergen Museum*

# EIDSBORG

*Der verwitterte Löwe am Westportal des Laubengangs*

*Die Stabkirche Eidsborg ist in ihrer äußeren Erscheinung zum großen Teil authentisch*

*Gemeinde Tokke (Bezirk Telemark). In der zweiten Hälfte des 13. Jahrhunderts erbaut. Einfache Langkirche, 1825 nach Osten verlängert. Kruzifix aus dem Mittelalter. Skulptur des heiligen Nikolaus im Kulturhistorischen Museum Oslo.*

*Nächste Seite: Der Laubengang, hier am Eingang, ist trotz gewisser baulicher Veränderungen immer noch beeindruckend*

Die Stabkirche Eidsborg liegt direkt an der Hauptstraße – mit dem See Eidsborgvatnet auf der einen Seite und dem Heimatmuseum Lårdal, dem alten Vindlaus-Hof, auf der anderen Seite. Sie steht auf dem Gelände des Heimatmuseums, ist aber nach wie vor Gemeindekirche von Eidsborg.

Es handelt sich hier um eine einfache Hallenkirche, mit Schiff und Chor in gleicher Breite. Dies war ursprünglich anders, doch der Chor wurde im Rahmen einer Erweiterung der Kirche nach Osten abgerissen. Um das alte Kirchenschiff führt der ursprüngliche Laubengang. Er ist trotz gewisser Umbauten zweifellos das wichtigste Merkmal der Kirche und lässt viele konstruktive Details der Stabkirche erkennen.

Außenwände und Dächer sind mit Holzschindeln verkleidet bzw. gedeckt. Im vorderen Giebel ist das Schindelmuster in die Verschalung geschnitzt, um einen ganzheitlichen Eindruck zu erzielen.

Im Inneren ist die Bemalung aus dem 17. Jahrhundert das Hauptmerkmal. Der angebaute Teil wurde bei der letzten Restaurierung (1929) von Architekt Arnstein Arneberg künstlerisch gestaltet.

Vom Inventar stammt nur das über der Chorabtrennung hängende Kruzifix aus dem Mittelalter. Mehrere andere Gegenstände befinden sich im Museum, unter anderem die Skulptur des heiligen Nikolaus im Kulturhistorischen Museum Oslo.

Die Kirche ist in der Sommersaison für Besucher geöffnet.

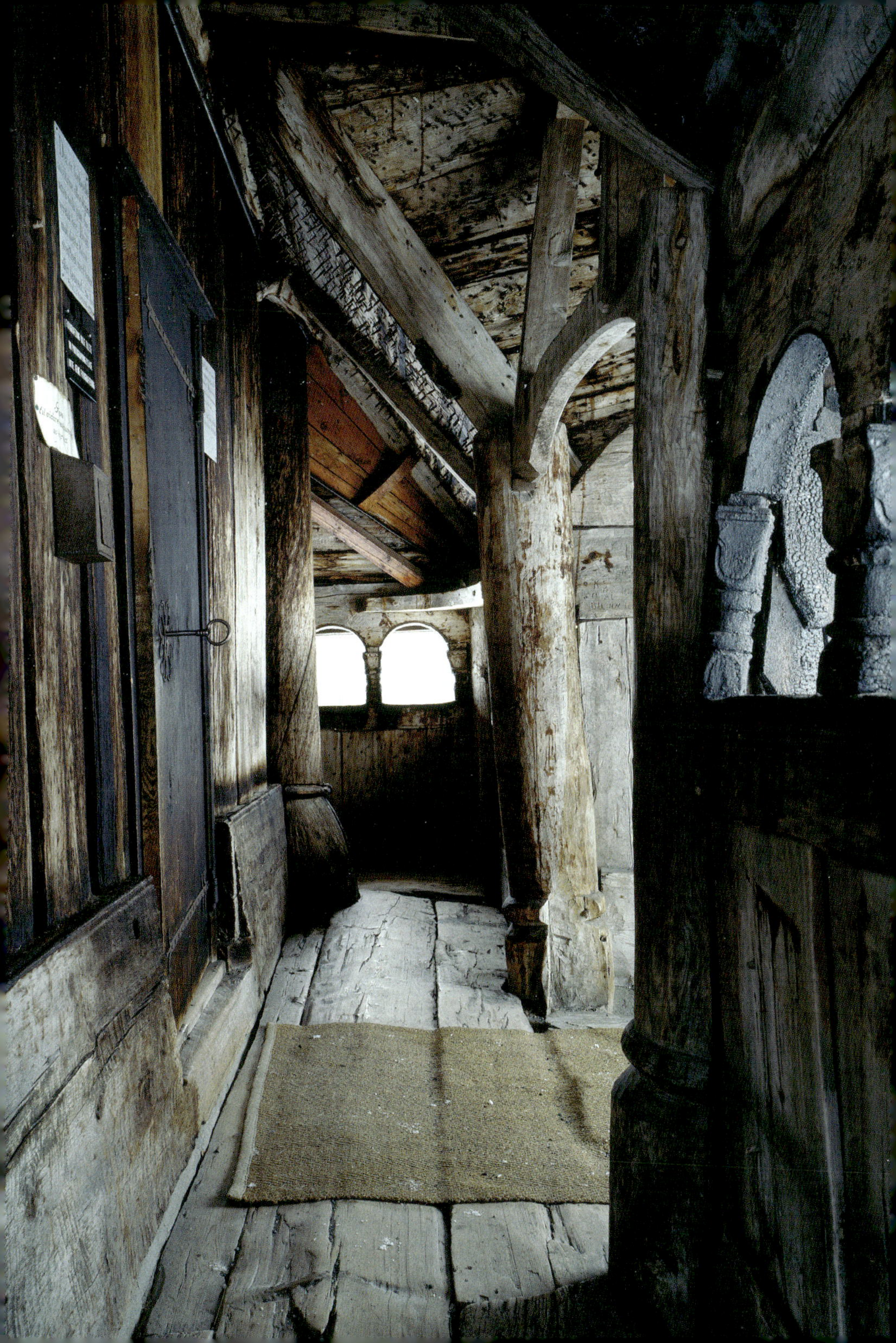

Nächste Seite: Die gesamte Kirche ist mit Holzschindeln verkleidet bzw. gedeckt. Im Westgiebel ist das Schindelmuster in die Verschalung geschnitzt

Der Laubengang weist viele bemerkenswerte Details auf – hier spürt man die echte Stabkirchenatmosphäre

Dem Kirchenraum ist anzusehen, dass er immer wieder umgebaut wurde. Nur der westliche Teil des Schiffes ist in der ursprünglichen Form erhalten

Mittelalterkruzifix über der Choröffnung

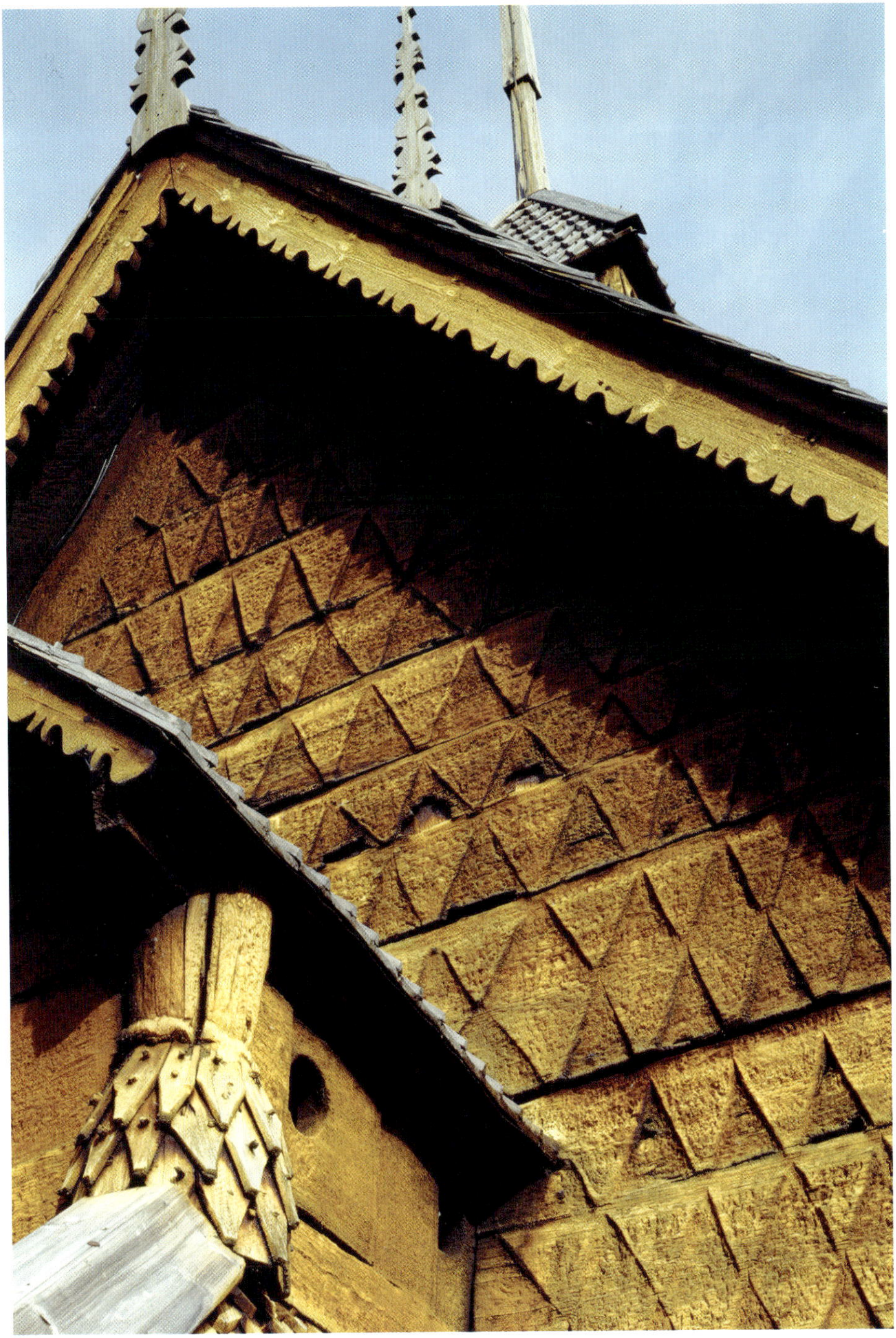

# HEDDAL

*Die Stabkirche Heddal liegt in einer relativ flachen Landschaft unweit von Notodden. Mit den mehrstufigen Dächern und ihren Türmen hat sie große Ähnlichkeit mit der Stabkirche Borgund*

*Nächste Seite: Südportal des Schiffes. Der schmiedeeiserne Türbeschlag ist neueren Datums*

*Gemeinde Notodden (Bezirk Telemark). Im 13. Jahrhundert erbaut. Stabkirche mit erhöhtem Mittelraum, 1850 etwas umgebaut. Vier Portale. Bischofsstuhl aus dem 13. Jahr-hundert, Altartafel von 1667. Altarantependium aus dem Mittelalter im Kulturhistorischen Museum Oslo*

In einem relativ flachen Gebiet in Ost-Telemark, an der Europastraße zwischen Oslo und Haugesund, steht Norwegens größte Stabkirche. Mit ihren mehrstufigen Dächern und vielen Turmspitzen bietet sie ein großartiges Bild.

Auch Heddal wurde mehrfach umgebaut und hat ihr Aussehen wie andere Stabkirchen im Takt wechselnder Stilrichtungen verändert. Zuletzt geschah dies anlässlich eines großen Umbaus in den 1950er Jahren, als man der Stabkirche ihr «ursprüngliches» Aussehen zurückgab.

Der Innenraum macht einen intimen Eindruck. Nur wenig Licht fällt herein, und dies verstärkt die Atmosphäre wie im Mittelalter. Die Säulen haben beeindruckende Abmessungen, und alle konstruktiven Teile sind erhalten.

An Mittelalterinventar ist der reich geschnitzte, im Chor stehende Bischofsstuhl von ca. 1300 zu nennen. An der Nordwand des Chores hängt ein Weihrauchgefäß aus dem 13. Jahrhundert.

Zu den Merkmalen dieser Stabkirche zählen auch die vier besonders schönen Portale im Laubengang, der das Kirchenschiff umgibt. Diese Portale sind mit aufwendigen Schnitzereien versehen, die Kapitelle mit Drachenköpfen und Tierfiguren.

Heddal ist eine gewöhnliche Gemeindekirche.

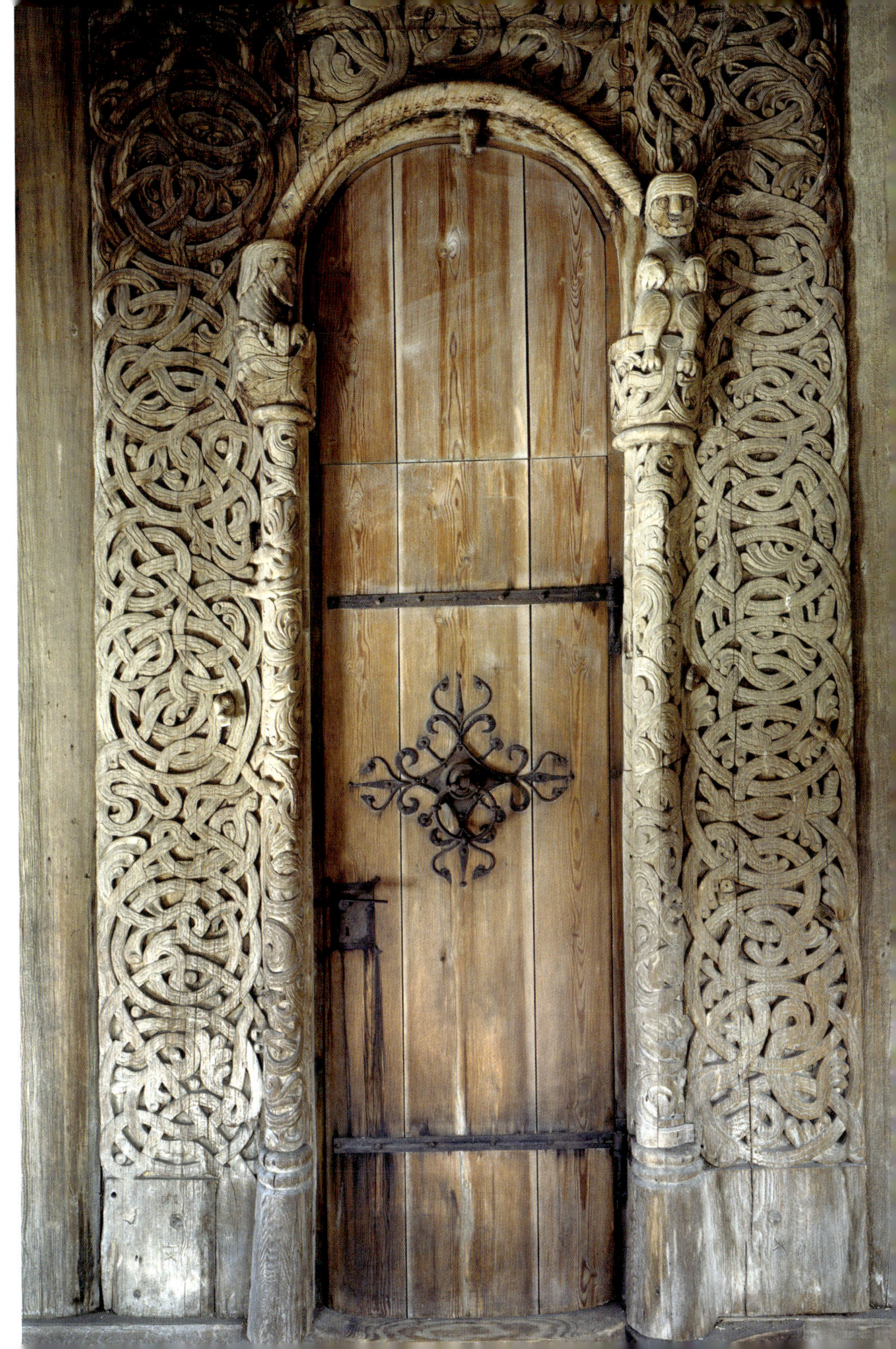

*Kunstvoll verzierter Bischofsstuhl aus dem 13. Jahrhundert im Chorraum*

*Nächste Seite und oben rechts: In der Stabkirche Heddal sind das Nord-, Süd- und Westportal im Schiff und ein Portal im Chorraum erhalten. Sie sind mit kunstvoll geschnitzten Fabeltieren im oberen Teil der Kapitelle versehen*

63

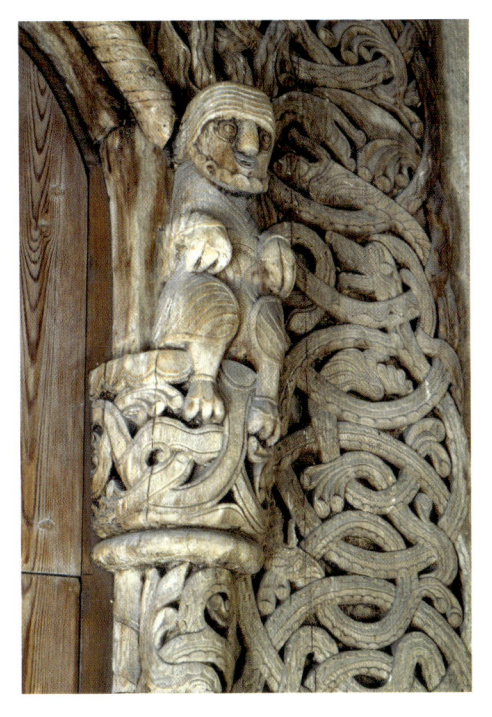

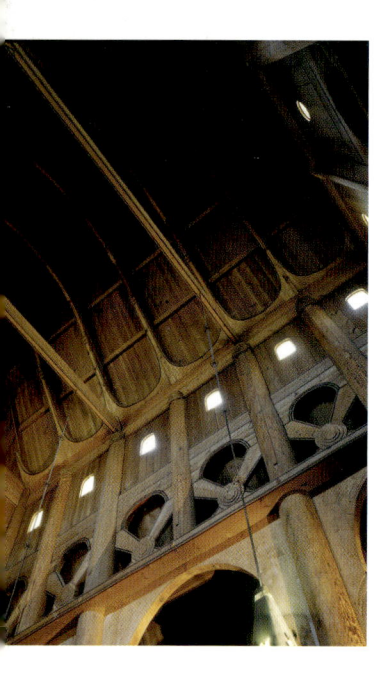

*Die Stabkirchenkonstruktion ist gut erhalten. Nur durch die Öffnungen ganz oben im Schiff kommt Tageslicht in die Kirche, das Halbdunkel trägt wesentlich zur mittelalterlichen Atmosphäre bei*

*Nächste Seite: Chor mit Altartafel von 1667. Das hölzerne Taufbecken ist neueren Datums*

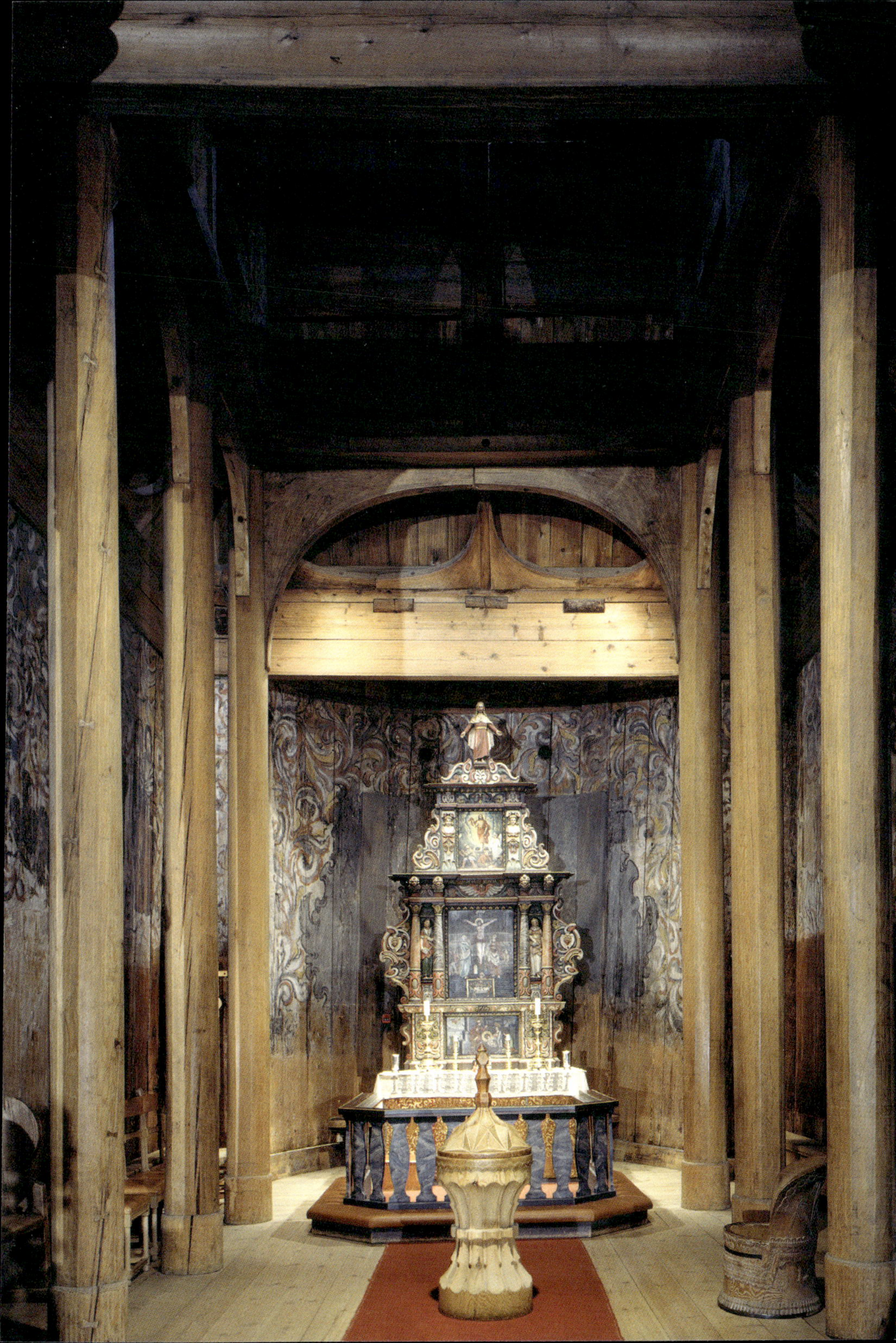

# FLESBERG

*Äußerlich erinnert nicht viel an eine Stabkirche*

*Von der Stabkirche ist nur der westliche Kreuzflügel erhalten. Der Umbau in eine Kreuzkirche erfolgte 1735*

*Gemeinde Flesberg (Bezirk Buskerud). Ende des 12. Jahrhunderts erbaut. Ursprünglich eine Stabkirche mit erhöhtem Mittelraum, 1735 zur Kreuzkirche ausgebaut. Altartafel von 1745, Kanzel von 1650*

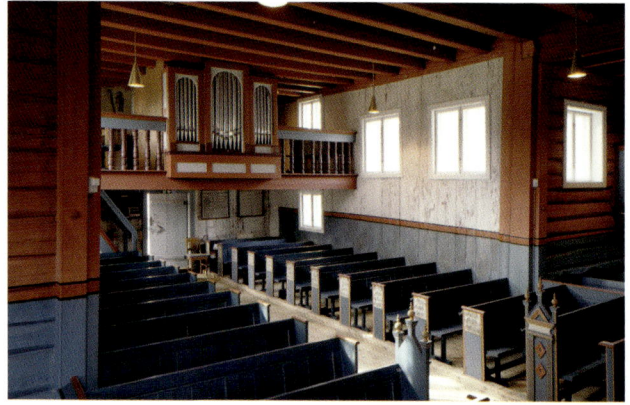

Die Stabkirche Flesberg bildet gewissermaßen das Eingangsportal zum Numedal. Allerdings ähnelt sie weder außen noch innen einer Stabkirche. Nach einem Umbau im Jahr 1735 war von der alten Kirche nur der westliche Kreuzflügel übrig geblieben. Im Inneren sind die vier Ecksäulen in die neue Konstruktion integriert.

Vermutlich hatte die Kirche über der Decke einen jetzt nicht mehr vorhandenen Aufbau, denn auf dem Gemälde von 1701 ist die Stabkirche viel höher. Das Gemälde stellt vermutlich das Aussehen im Mittelalter dar. Diese Kirche ist bescheiden in der Größe, hat aber einen erhöhten Mittelraum und ist in ihrer äußeren Erscheinung sehr eindrucksvoll. Das Gemälde ist eine der wenigen Stabkirchendarstellung aus der Zeit um 1700. Die Abbildungen aus dieser Zeit geben wichtige Anhaltspunkte für die Stabkirchenforschung.

Die Stabkirche Flesberg ist nach wie vor Gemeindekirche und normalerweise im Sommer für Besucher geöffnet.

*Auf dem im Schiff hängenden Gemälde ist die Stabkirche im Jahr 1701 dargestellt. Heute sieht die Kirche ganz anders aus*

*Das Westportal mit Fabeltieren über den nicht mehr vorhandenen Kapitellen. Die schmiedeeisernen Beschläge stammen aus dem Mittelalte*

# ROLLAG

*Die Stabkirche Rollag steht an einem Hang oberhalb des Flusses Numedalslågen, umgeben von einem alten Friedhof*

*Gemeinde Rollag (Bezirk Buskerud). Ende des 12. Jahrhunderts erbaut. Einfache Stabkirche, in den 1690er Jahren in eine Kreuzkirche umgebaut. Hölzernes Taufbecken und Kruzifix aus dem 13. Jahrhundert, Altartafel von 1670, Kanzel von 1763*

*Nächste Seite: Das hölzerne Taufbecken stammt aus dem Mittelalter – eines der wenigen Holztaufbecken aus dieser Zeit in Norwegen*

*Das spätgotische Kruzifix in der Kreuzmitte wurde in Norddeutschland angefertigt*

*Der Charakter des Innenraums wird von der Bemalung aus dem 17. und 18. Jahrhundert bestimmt. Von der Stabkirchenkonstruktion ist nichts sichtbar*

Die Stabkirche Rollag liegt sehr schön an einem Hang im Numedal, das wegen der zahlreichen historischen Bauwerke auch Mittelaltertal genannt wird. Zur Kirche gehört ein alter Friedhof. Äußerlich unterscheidet sich die Stabkirche nicht besonders von den anderen Mitgliedern der Familie weiter oben im Tal, den Stabkirchen Nore und Uvdal. Ebenso wie diese war die Stabkirche Rollag ursprünglich keine Kreuzkirche. Die Kreuzflügel wurden im 17. Jahrhundert in Stabbauweise angebaut.

Im Inneren ist von der mittelalterlichen Stabkirche jedoch nichts mehr zu erkennen. Ausschmückung und Inventar gehen auf das 17. und 18. Jahrhundert zurück. Nur zwei Objekte aus der katholischen Zeit sind Ausnahmen – ein Taufbecken aus Holz und ein Kruzifix vom Ende des 15. Jahrhunderts, vermutlich aus Norddeutschland.

Die Stabkirche Rollag ist eine gewöhnliche Gemeindekirche. Sie ist normalerweise in der Sommersaison für Besucher geöffnet.

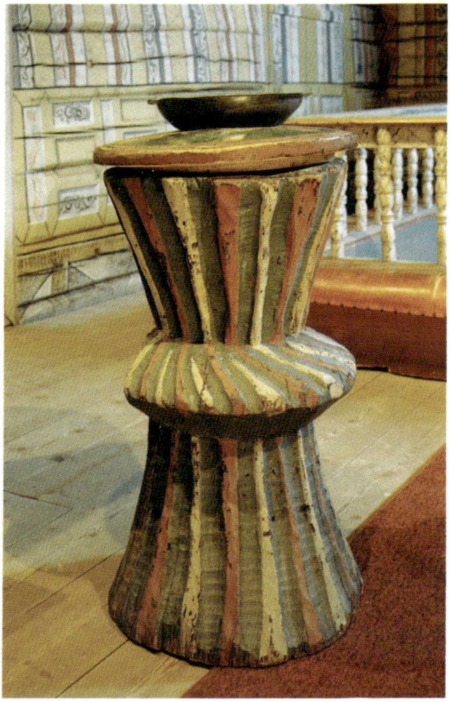

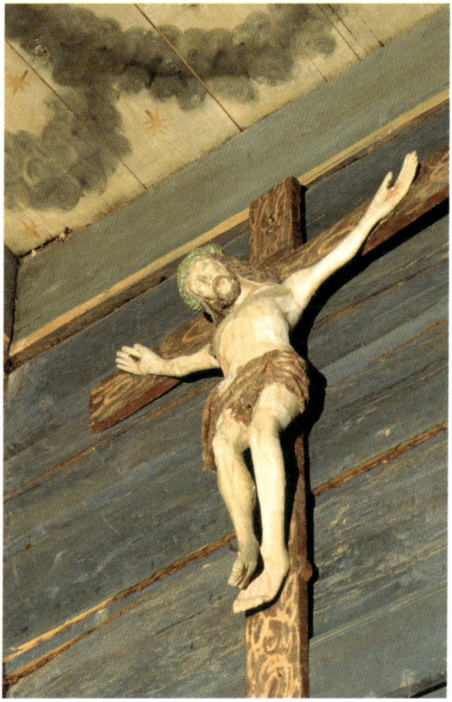

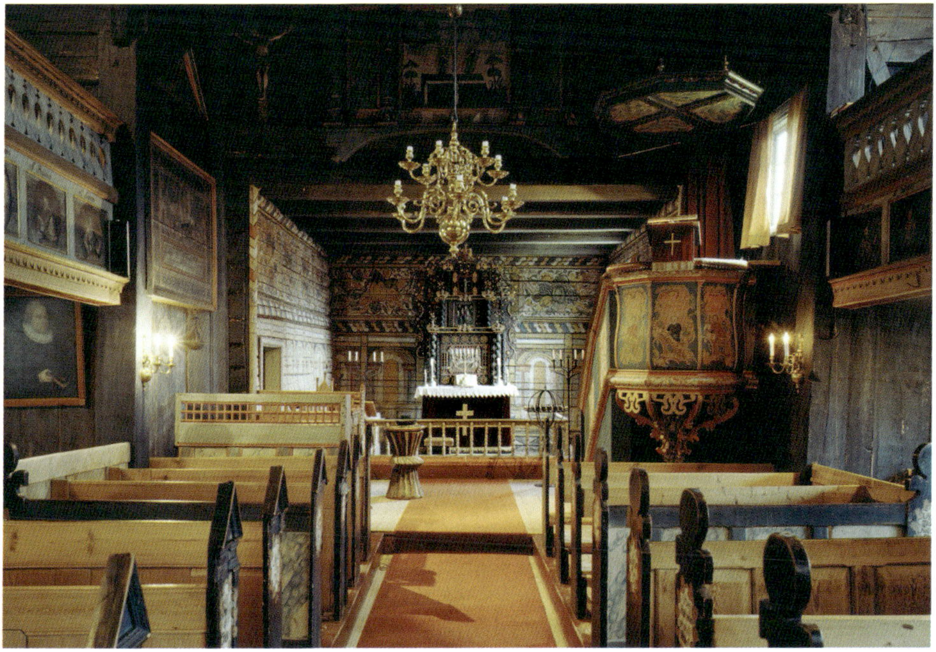

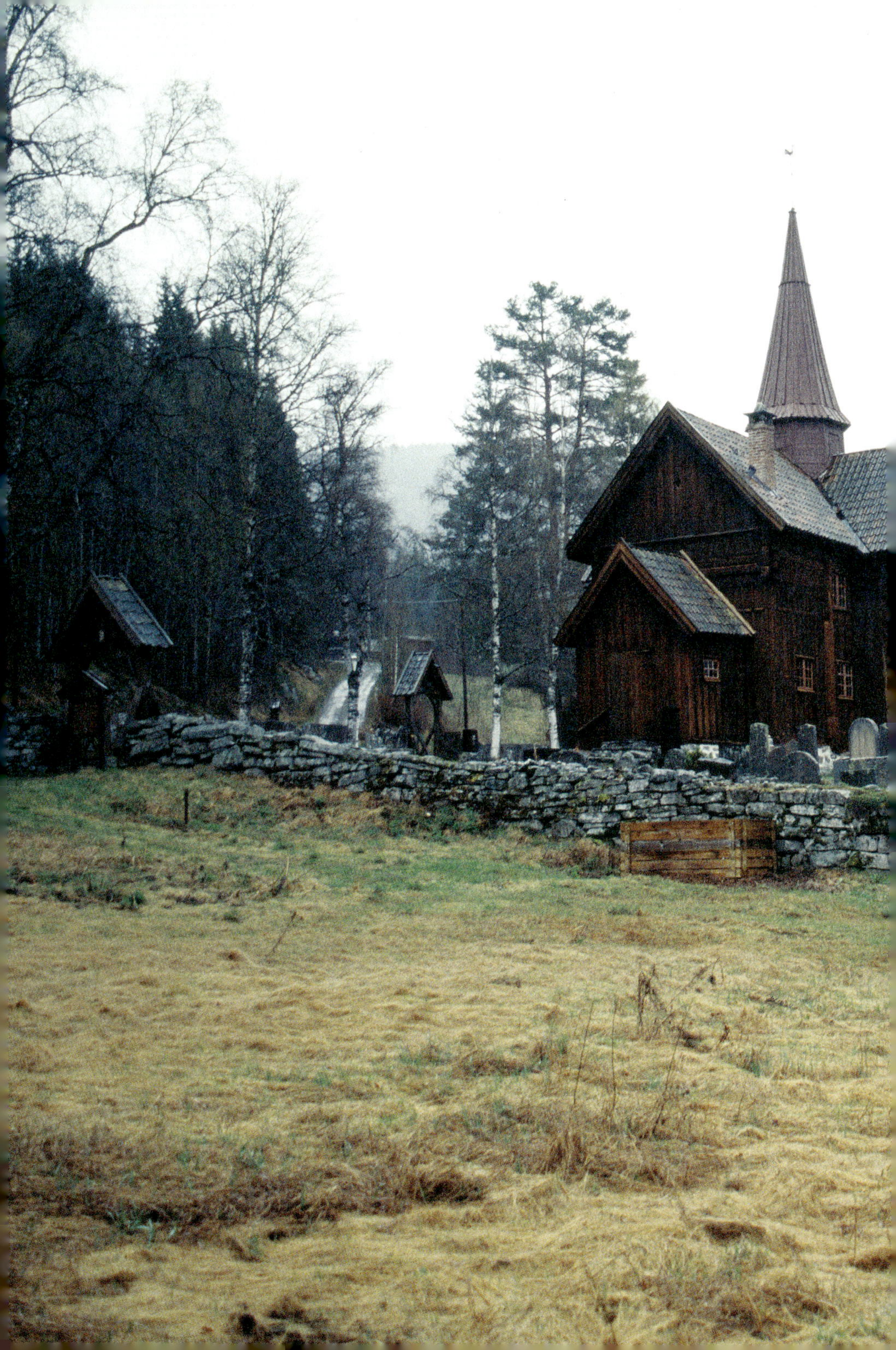

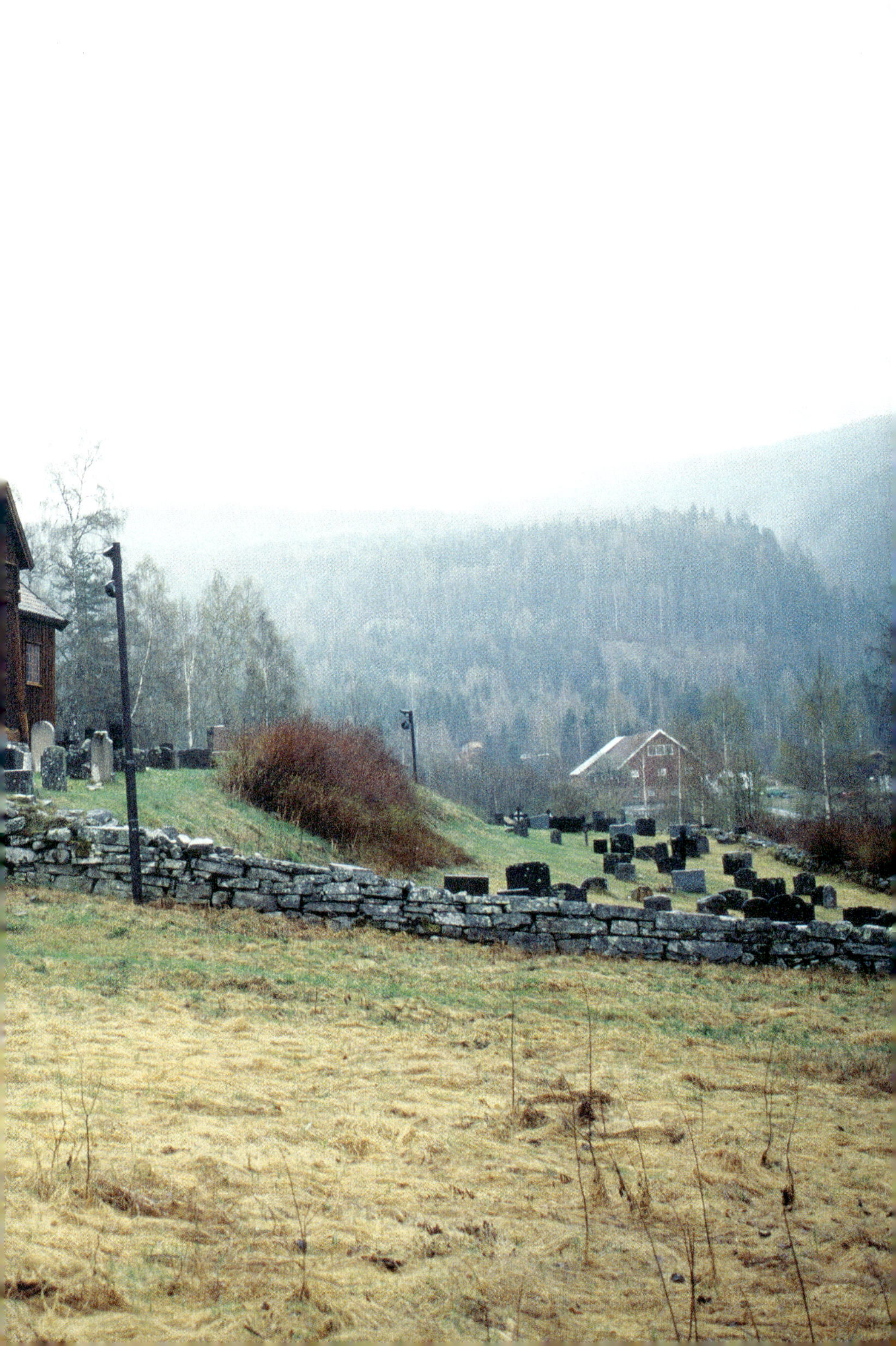

# NORE

*Stabkirche Nore im Numedal, mit Kreuzflügeln von 1709 und 1719*

*Gemeinde Nore og Uvdal (Bezirk Buskerud). Ende des 12. Jahrhunderts erbaut. Einschiffige Langkirche mit Mittelmast, 1709 zur Kreuzkirche ausgebaut. Kruzifix aus dem 13. Jahrhundert, Altartafel von 1705, Kanzel von 1655. Eigentum des Altertumsvereins*

Die Stabkirche Nore im Numedal liegt in einer relativ flachen Landschaft und hat keinen so majestätischen Standort wie viele andere Kirchen. Trotzdem ist sie wie die Stabkirche Uvdal etwas ganz Besonderes – eine sogenannte Mittelmastkirche.

Nach Fertigstellung der neuen Kirche in Nore (1882) wollte die Gemeinde die Stabkirche abreißen. Stattdessen übernahm jedoch wenige Jahre später der Altertumsverein (Fortidsminneforeningen) die Kirche.

Der Mittelmast beherrscht den Kirchenraum. Er ist mit einem kunstvoll geschnitzten Säulenkopf versehen und trägt die Hauptlast der Kirche. Aus dem Mittelalter sind Reste eines aus Holz geschnitzten Kruzifixes erhalten. Als das Norwegische Zentralamt für Denkmalpflege (Riksantikvaren) kürzlich eine Untersuchung und Instandsetzung im Rahmen des staatlichen Stabkirchenprogramms abschloss, wurden auf dem dunklen Dachboden Stämme gefunden, wo man bei dem mit Harz auf natürliche Weise imprägnierten Holz glauben konnte, der Baum sei gerade erst gefällt worden.

In der Vorhalle steht das Westportal der Kirche mit aufwendigem Schnitzwerk und Tierköpfen am Säulenkapitell. Das Portal wurde bei einer baulichen Veränderung von Eingangstür und Vorhallendecke teilweise zerstört, der obere Teil befindet sich über der Decke.

Die Stabkirche gehört nach wie vor dem Altertumsverein (Fortidsminneforeningen) und ist jetzt eine reine Museumskirche, die im Sommer für Besucher geöffnet ist.

*Nächste Seite: Im Inneren der Stabkirche Nore spielt der Mittelmast eine wichtige Rolle*

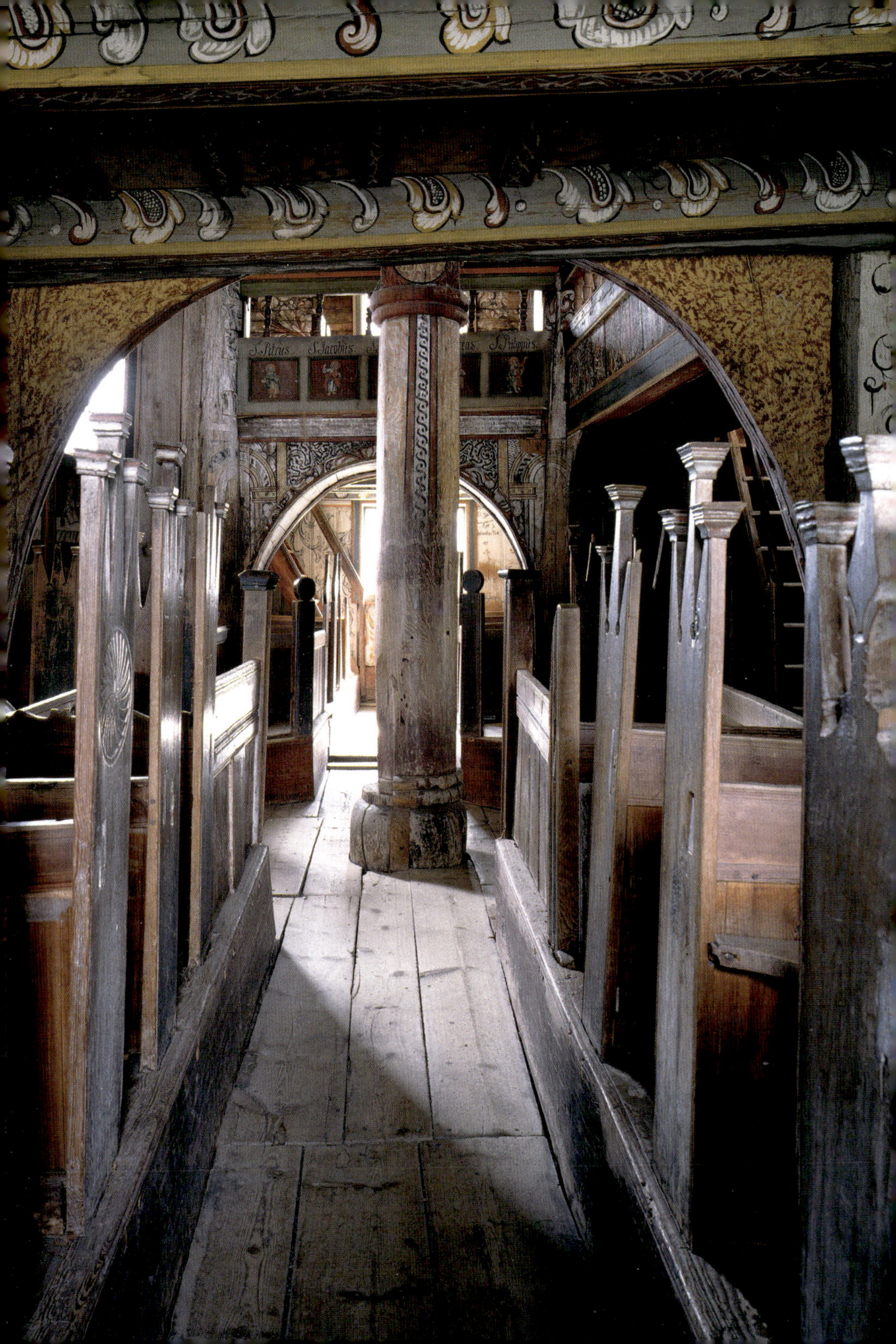
S. Petrus
S. Jacobus
S. Philippus

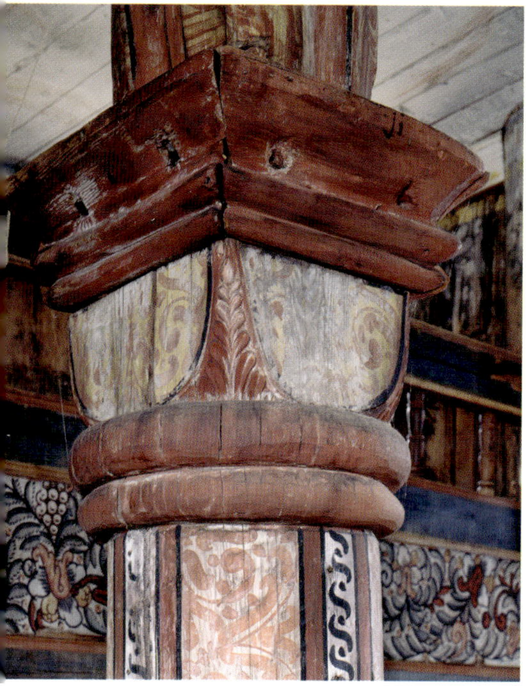

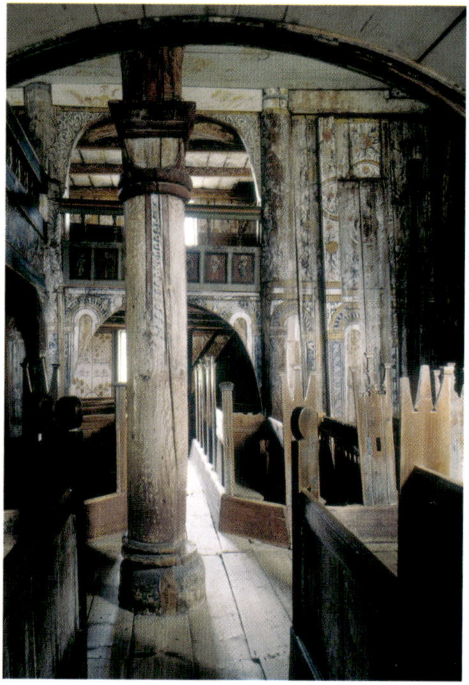

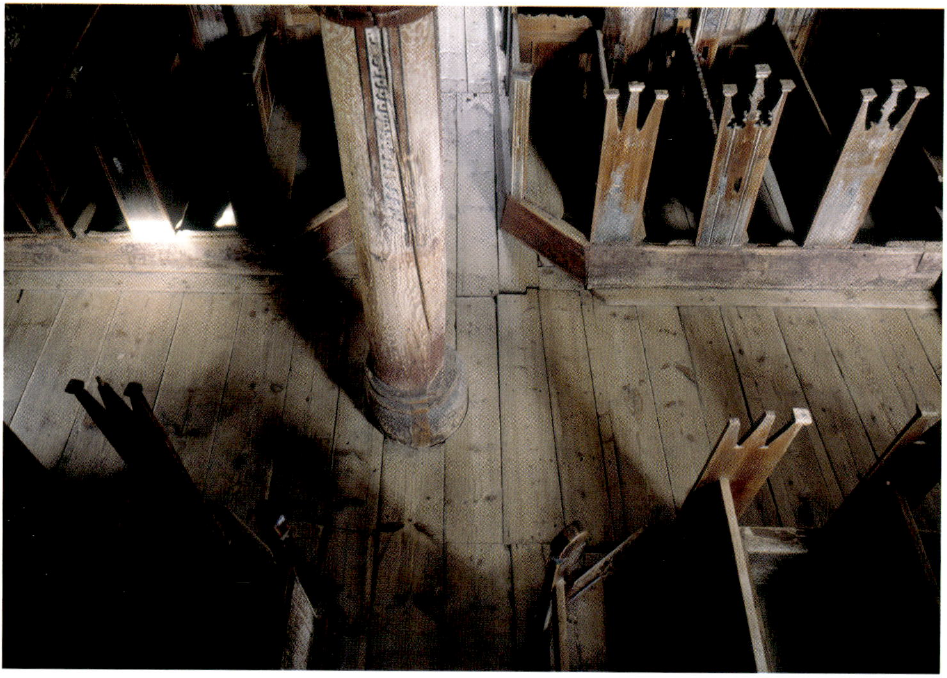

*Die Schnitzereien des Westportals sind gut erhalten, mussten aber teilweise der eingesetzten Tür weichen. Durch die Absenkung der Decke ist kaum Platz für die Fabeltiere der Kapitelle*

*Der Charakter des Kirchenraums wird von der Bemalung aus dem 18. Jahrhundert bestimmt. Kanzel von 1655*

*Vorige Seite: Der Mittelmast ist mit Würfelkapitell und aufgenagelten Leisten versehen. Kirchenbänke aus dem 18. Jahrhundert*

75

*Nächste Seite: Reste eines Kruzifixes aus dem 13. Jahrhundert*

*Die Kirche wurde vermutlich mit Empore gebaut*

*Altartafel von 1704 mit Baldachin, eine Seltenheit in Norwegen. Die Chorwände sind in kräftigen Farben bemalt*

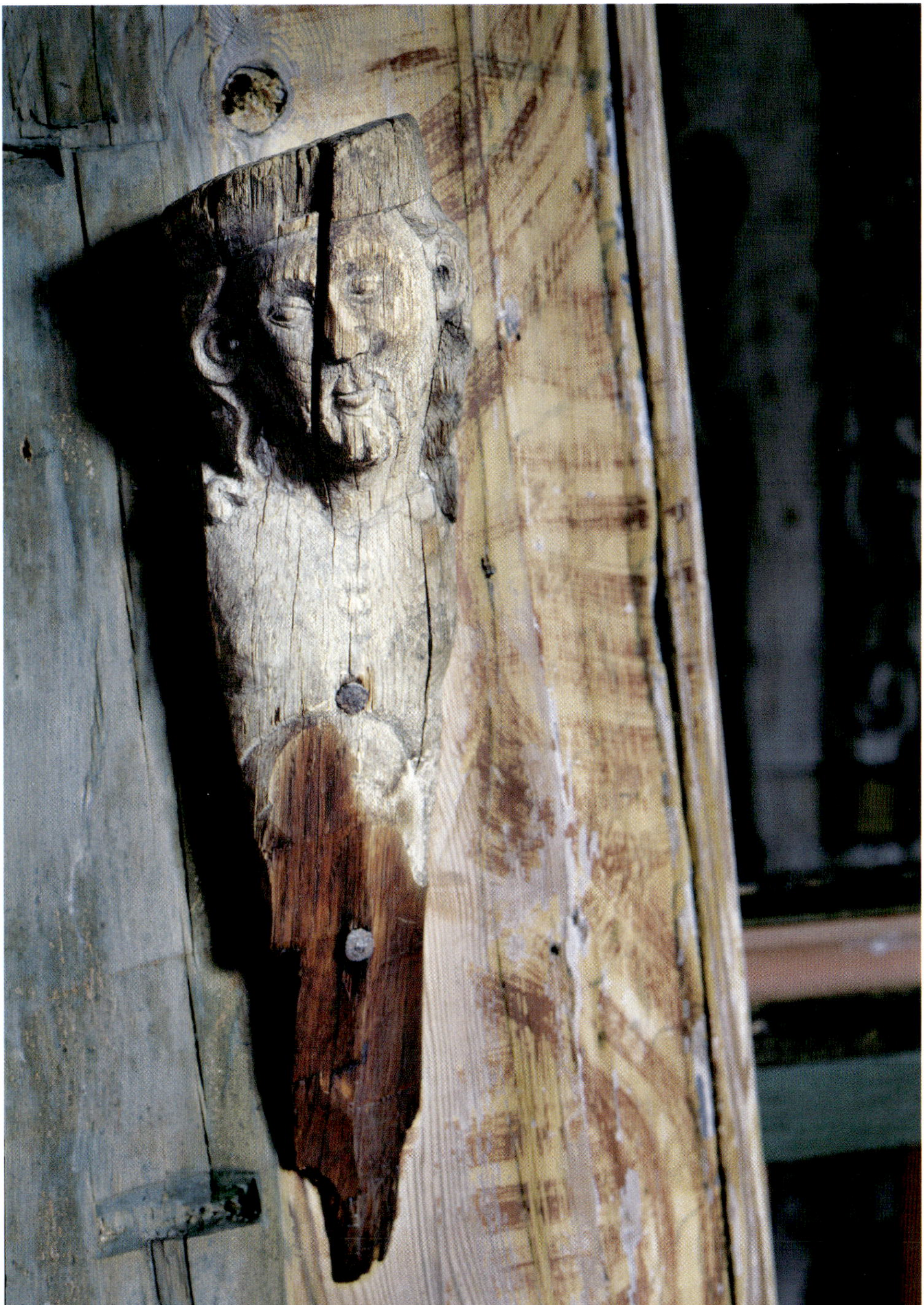

# UVDAL

*Die Stabkirche Uvdal liegt hoch über dem Tal. Sie wurde im 18. Jahrhundert zur Kreuzkirche ausgebaut.*

*Gemeinde Nore og Uvdal (Bezirk Buskerud). Ende des 12. Jahrhunderts erbaut. Einschiffige Langkirche mit Mittelmast, 1723 zur Kreuzkirche ausgebaut. Hölzernes Taufbecken aus dem Mittelalter, Kruzifix aus dem 13. Jahrhundert, Altartafel und Kanzel von 1656. Eigentum des Altertumsvereins*

Die Stabkirche Uvdal steht an einem Hang mit Blick auf das Tal, gegenüber dem früheren Pfarrhof, der jetzt das Heimatmuseum Nore und Uvdal bildet. Vom Typ entspricht die Kirche der Stabkirche Nore, ist also eine Kreuzkirche mit Mittelmast. Auch die Stabkirche Uvdal wurde zur Kreuzkirche mit neuen Kreuzflügeln in Stabbauweise umgebaut (1723). Als 1902 die neue Kirche eingeweiht worden war, ging die Stabkirche in den Besitz des Altertumsvereins (Fortidsminneforeningen) über.

Im Inneren der Kirche hat man den Eindruck, dass die Zeit stehen geblieben ist. Wie in der Stabkirche Nore beherrscht der Mittelmast den Raum. Er wird von einem kunstvoll geschnitzten Säulenkopf gekrönt. Die Bemalung in kräftigen Farben stammt aus dem 17. und 18. Jahrhundert.

Das messingfarben bemalte Kruzifix über der Chortrennwand gehörte schon im Mittelalter zum Kircheninventar. Das hölzerne Taufbecken von ca. 1200 ist ein seltenes Stück norwegische Kirchenkunst.

Die Kirche hat drei Portale, zwei davon in der Vorhalle. Das schönste und am besten erhaltene ist das Westportal des Schiffes, das andere ist das Südportal. Letzteres wurde beim Ausbau der Kirche

*Nächste Seite: Hölzernes Taufbecken aus dem Mittelalter*

Ord Sp. 14, v. 32
Den Retfærdige
Er og
Trøstig i Sin

*Die Stabkirche ist in kräftigen Farben bemalt. Die Masken unter der Decke und das Schnitzwerk an der Emporenbrüstung stammen aus dem Mittelalter*

*Chor mit Altartafel von 1656. Auch die Altartafel in Uvdal ist mit einem Baldachin versehen*

*Nächste Seite: Blick vom Kirchenraum mit Mittelmast zum Chor*

von der Südwand des Schiffes umgesetzt. Das Südportal im Chor ist nicht überdeckt. Die schmiedeeisernen Türbeschläge aus dem Mittelalter sind etwas abgenutzt, aber ohne Zweifel eine Seltenheit.

Eigentümer und Verwalter der Stabkirche Uvdal ist der Altertumsverein (Fortidsminneforeningen). Diese reine Museumskirche ist im Sommerhalbjahr für Besucher geöffnet.

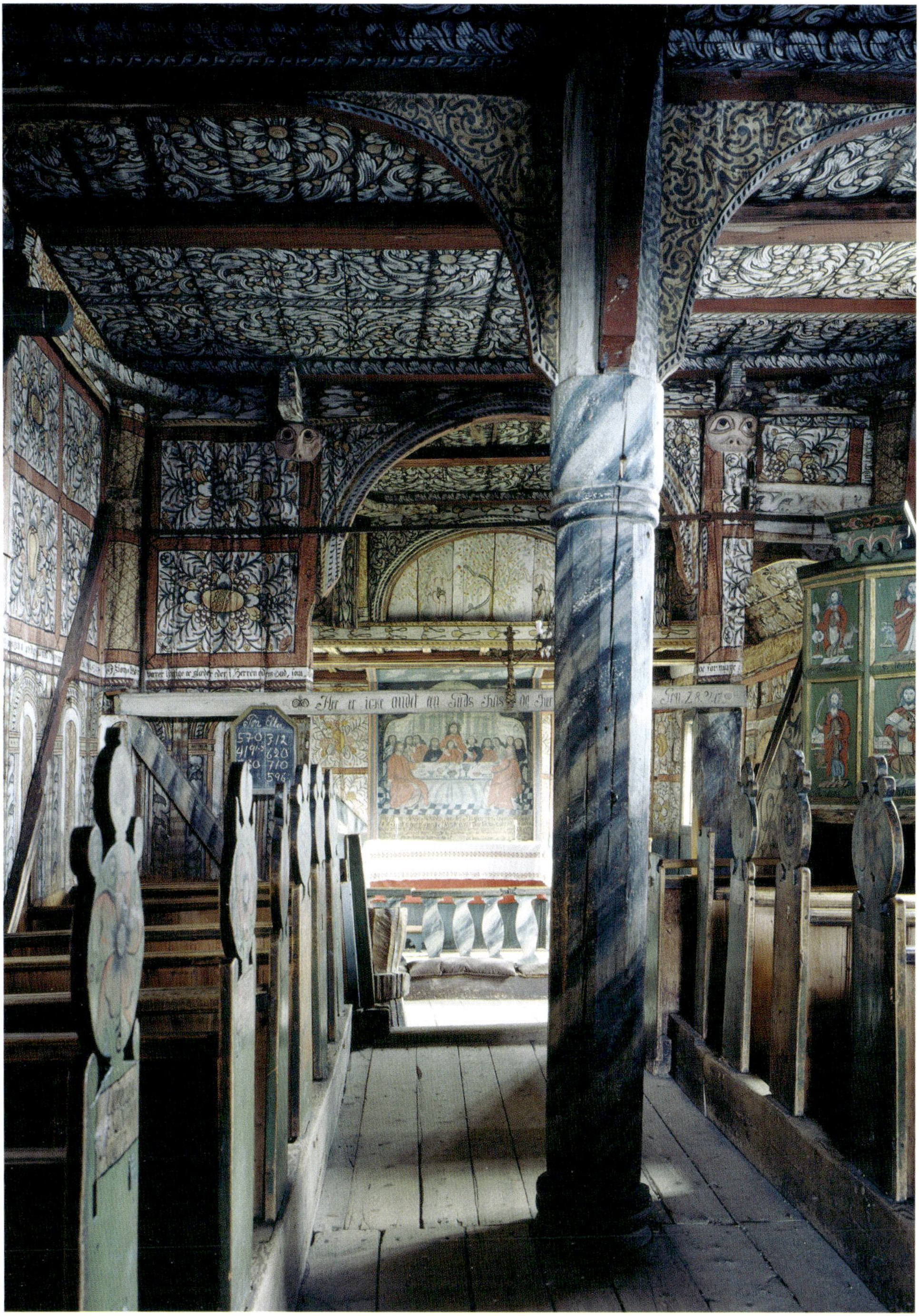

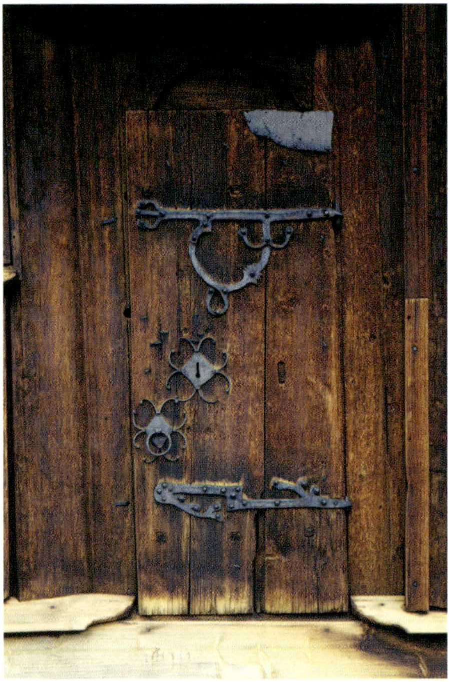

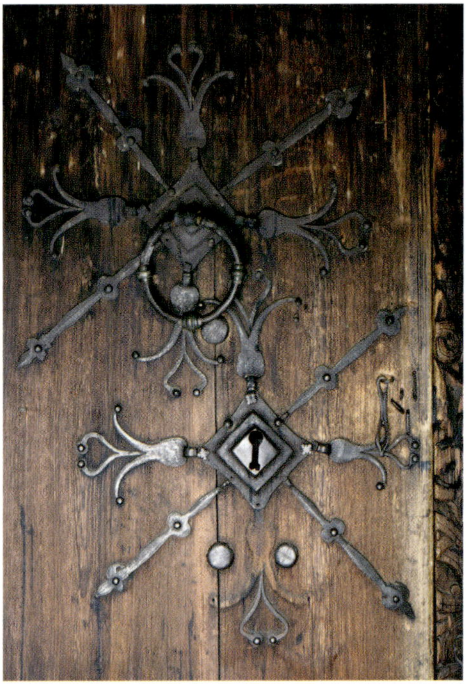

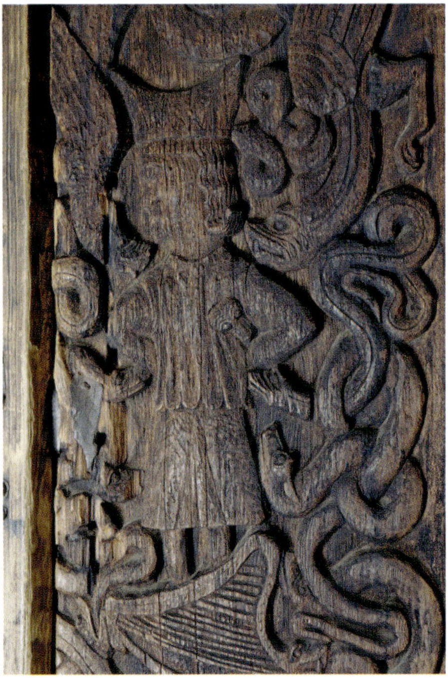

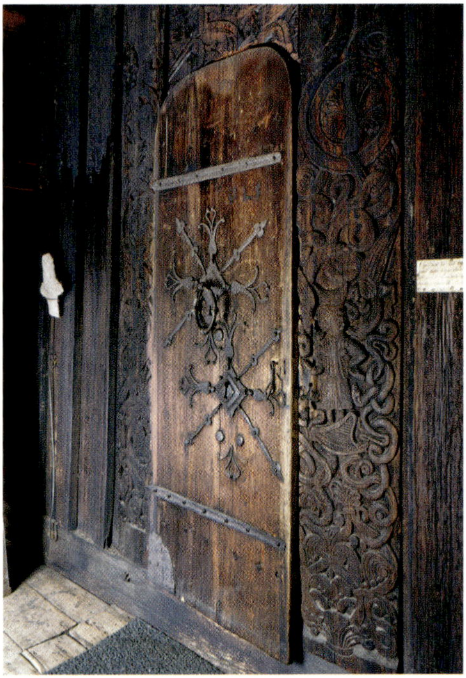

Die Kreuzflügel und die Vorhalle entstanden später, aber ebenfalls in Stabbauweise, um den ganzheitlichen Eindruck nicht zu beeinträchtigen

Kirchenbänke mit geschnitzten Seitenteilen aus dem 17. Jahrhundert

Das bronzefarbene gotische Kruzifix über der Churöffnung stammt von 1200

Vorige Seite: Dem Südportal des Chorraums sieht man die Wettereinflüsse an. Das gut erhaltene Westportal steht in der Vorhalle. Beide Türflügel sind mit schmiedeeisernen Beschlägen aus dem Mittelalter versehen

83

# HØYJORD

*Die Stabkirche Høyjord, wie sie möglicherweise im Mittelalter aussah*

*Gemeinde Andebu (Bezirk Vestfold). Um 1300 erbaut. Einschiffige Stabkirche mit Mittelmast, in den 1950er Jahren restauriert. Vergoldete Windfahne aus dem 13. Jahrhundert, Altartafel aus dem 17. Jahrhundert*

*Nächste Seite: Der Kirchenraum wird vom Mittelmast beherrscht*

Die Stabkirche Høyjord, die einzige erhaltene Stabkirche auf dem «flachen Land» in Ostnorwegen, hat einen markanten Standort auf einer Anhöhe und ist auf allen Seiten von Kornfeldern umgeben. Lange war die ursprüngliche Kirche unter zwei Restaurierungen verborgen, die im 17. und etwas umfassender im 19. Jahrhundert vorgenommen worden waren.

Heute sehen wir die Kirche als Ergebnis der Restaurierung in den 1950er Jahren, als die Stabkirchenkonstruktion wieder freigelegt wurde. Der Mittelmast ist «gestalterische Freiheit» nach dem von Archäologen unter der Kirche nachgewiesenen Fundament. Das Ergebnis muss aber als gelungen bezeichnet werden. Beim Betreten der Kirche fühlt man sich gleich ins Mittelalter versetzt. Unter mehreren Farbschichten wurde Graffiti freigelegt. Die Ausschmückungen im Chor und an der Nordwand wurden von den Konservatoren auf der Grundlage älterer Reste einer Bemalung geschaffen. Hoch oben an Süd- und Westwand lassen kleine schlüssellochförmige Öffnungen Licht in die Kirche fallen. Diese sind authentisch.

An der Stabkirche Høyjord lässt sich gut erkennen, wie die Stabkirchen in Ostnorwegen ausgesehen haben. Diese Kirche ist heute eine gewöhnliche Gemeindekirche.

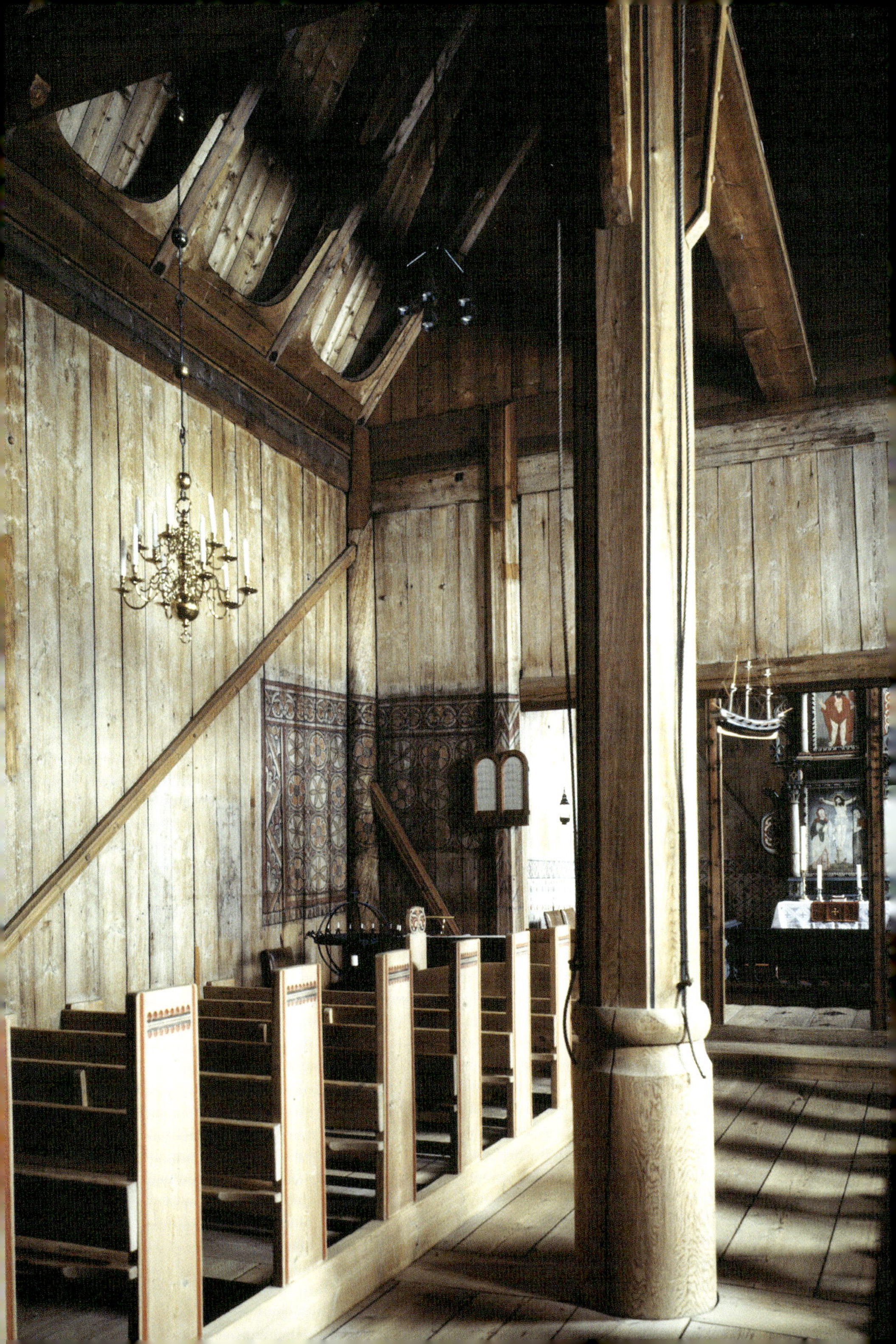

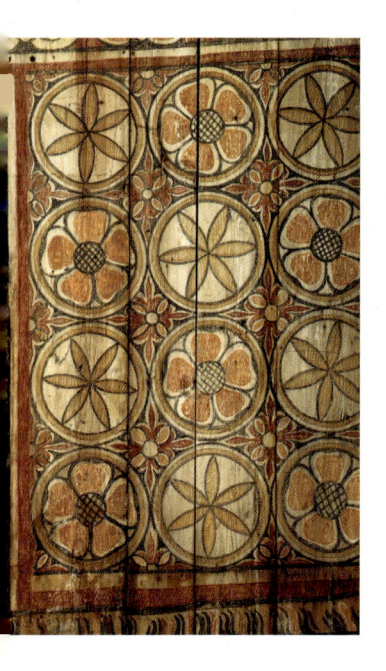

*Rekonstruierte Mittelalterornamente im Schiff*

*Vor der Restaurierung in den 1950er Jahren sah die Kirche außen und innen kaum wie eine Stabkirche aus. Foto: Norwegisches Zentralamt für Denkmalpflege (Riksantikvaren)*

*Kirchenschiff mit Mittelmast. Ursprünglich fiel nur durch die kleinen Öffnungen oben rechts Licht in die Kirche*

*Die Chorbemalung ist eine Weiterführung der in der Kirche vorgefundenen Ornamentreste aus dem Mittelalter*

*Vergoldete Windfahne aus dem 13. Jahrhundert*

# GOL

*Die Stabkirche Gol, wie sie heute im Norsk Folkemuseum in Oslo steht und wie sie vor der Umsetzung dorthin aussah. Zeichnung von J. N. Prahm (1846)*

Ursprünglich in der Gemeinde Gol (Bezirk Buskerud), jetzt im Norsk Folkemuseum in Oslo. Stabkirche mit erhöhtem Mittelraum, 1885 versetzt, nach dem Vorbild der Stabkirche Borgund wieder aufgebaut

*Nächste Seite: Im Kirchenraum ist der größte Teil der tragenden Konstruktion authentisch*

Bei Fertigstellung der neuen Kirche (1882) war die Stabkirche Gol so baufällig, dass sie abgerissen werden sollte. Oskar II., König von Norwegen und Schweden, war auch an der Kulturgeschichte Norwegens interessiert, erwarb deshalb die Kirche und verehrte sie dem Norsk Folkemuseum in Bygdøy (Oslo), wo sie 1885 wieder aufgebaut wurde.

Beim Wiederaufbau diente die Stabkirche Borgund als Vorbild im Äußeren. Vieles wurde rekonstruiert, auch das Südportal des Schiffes. Das Westportal ist allerdings authentisch.

Im Inneren ist die tragende Konstruktion intakt. Abgesehen vom Altar befindet sich kein Inventar mehr im Kirchenraum. Das schummerige Licht vermittelt einen guten Eindruck von der früheren Atmosphäre in einer Stabkirche. Die Ausschmückung des Chorraums stammt wie die übrige Bemalung aus der Zeit nach der Reformation. Im Chor sind auch Graffitis aus dem Mittelalter zu finden.

Auf örtliche Initiative wurde 1994 unweit der Ortsmitte von Gol eine Stabkirche nachgebaut.

Die Stabkirche Gol im Norsk Folkemuseum ist die am meisten besuchte Stabkirche in Norwegen.

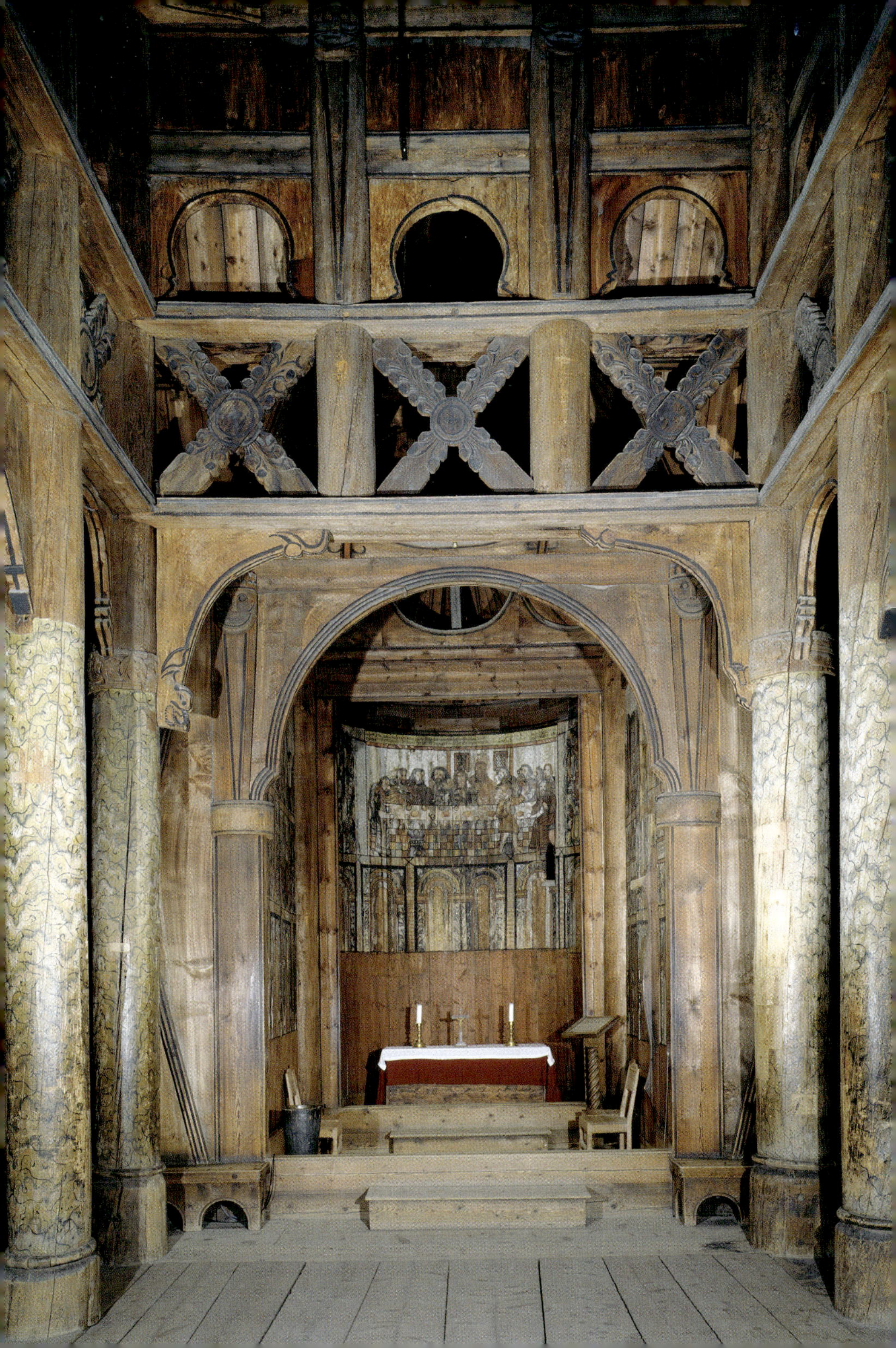

*Abendmahlsbild auf der Vertäfelung der Apsis (1652)*

*Graffiti aus dem Mittelalter – ein in die Chorwand geritzter Löwe*

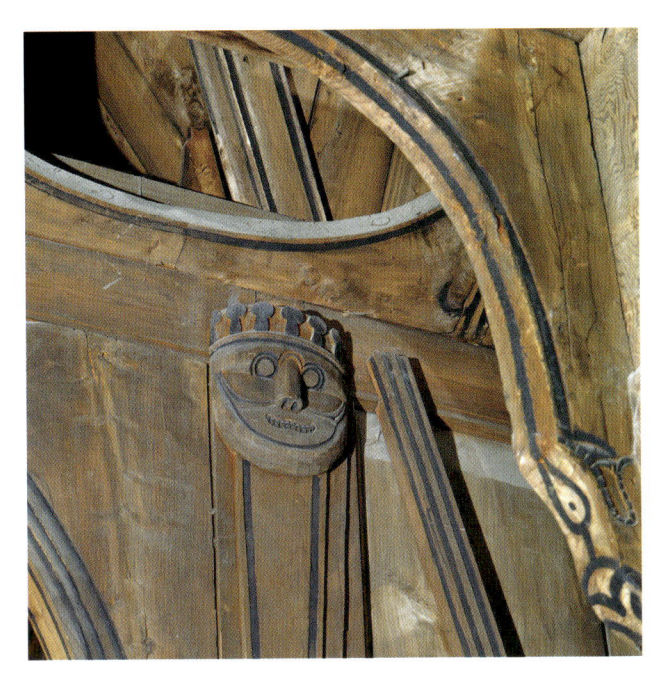

*Die tragende Konstruktion ist mit geschnitzten Masken und geschwärzten Linien verziert*

*Das Westportal ist wie die schmiedeeisernen Beschläge im gotischen Stil authentisch. Das Südportal ist eine Rekonstruktion*

# TORPO

*Die Stabkirche wirkt ohne Chor viel zu hoch und steht gewissermaßen im Schatten der neuen Kirche von 1880*

*Gemeinde Ål (Bezirk Buskerud). Ende des 12. Jahrhunderts erbaut. Stabkirche mit erhöhtem Mittelraum, Gewölbte Decke mit Mittelalterbemalung, zwei Portale. Eigentum des Altertumsvereins*

*Nächste Seite: Schiff mit erhöhtem Mittelraum. Die bemalte gewölbte Decke ist eine der beiden erhaltenen Stabkirchendecken dieser Art. Die andere, aus dem Nachbarort Ål, befindet sich im Kulturhistorischen Museum Oslo*

Die Stabkirche Torpo stand kurz vor dem Abriss, als 1880 die nur wenige Meter entfernte neue Kirche fertig gestellt war. Als der Altertumsverein (Fortidsminneforeningen) die Kirche im letzten Moment übernahm, war der Chor bereits abgerissen und abtransportiert worden.

Heute macht die Kirche trotz ihrer Höhe einen etwas unvollständigen Eindruck. Was sie als eine der ganz besonderen Stabkirchen auszeichnet, ist die Bemalung der großen gewölbten Decke aus dem Mittelalter mit Motiven aus Christi Leidensgeschichte. Es gibt nur zwei solcher gewölbter Decken in Norwegen, die zweite – aus der abgerissenen Stabkirche im Nachbarort Ål – befindet sich jetzt im Kulturhistorischen Museum Oslo. Eine Seltenheit sind auch die Mittelalterbänke entlang der Außenwände. Im Übrigen befindet sich kein Inventar in der Kirche.

In der Stabkirche wurden mehrere Runeninschriften gefunden. In einer davon heißt es: «Torolf baute diese Kirche ...», und dann werden sieben Personen aufgezählt, vermutlich seine Gesellen. Die Kirche hat zwei Portale, nach Westen und Süden. Beiden sieht man den Einfluss von Wind und Wetter deutlich an, besonders dem Südportal.

Die Stabkirche Torpo ist Museumskirche und gehört dem Altertumsverein (Fortidsminneforeningen).

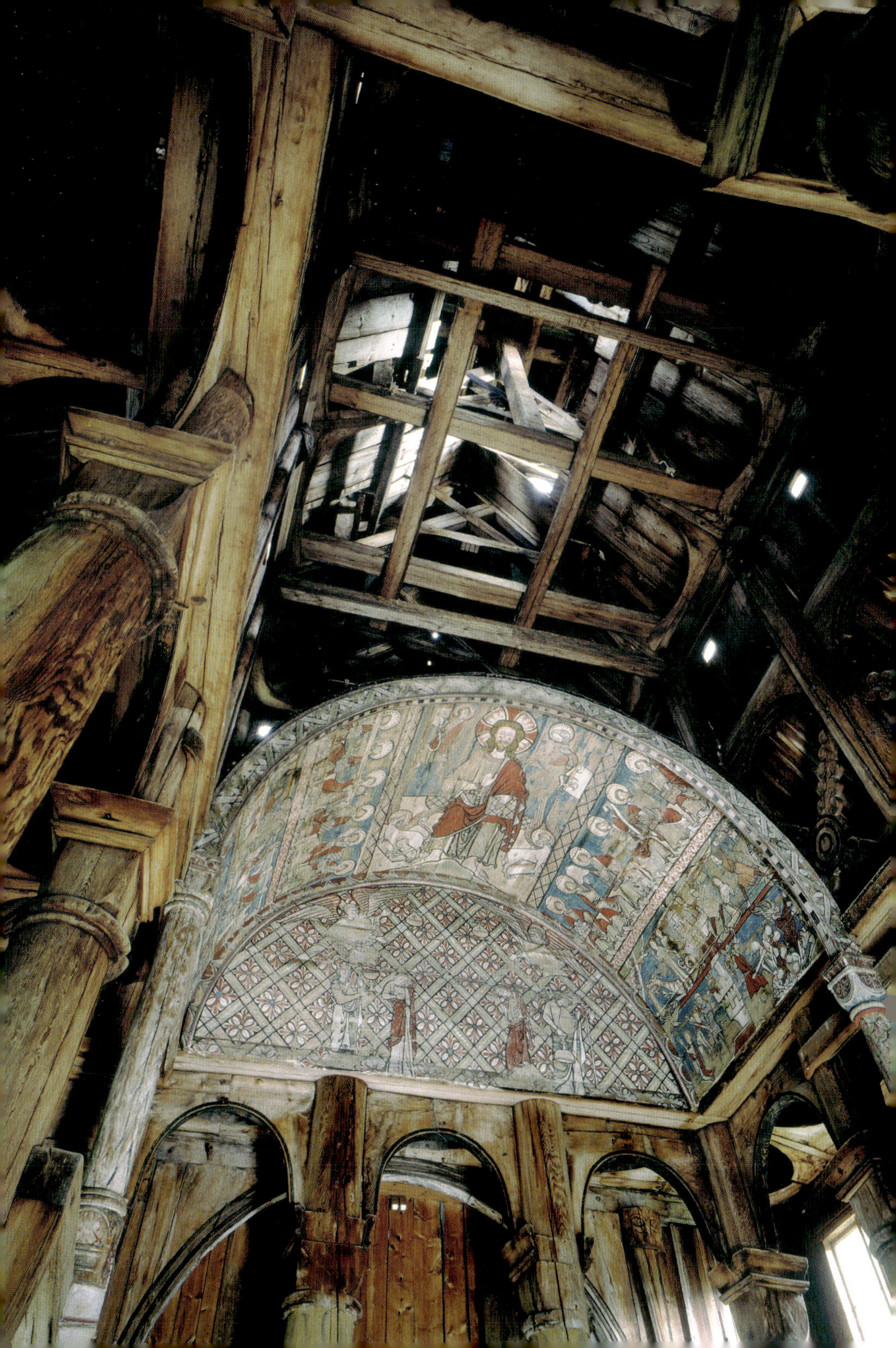

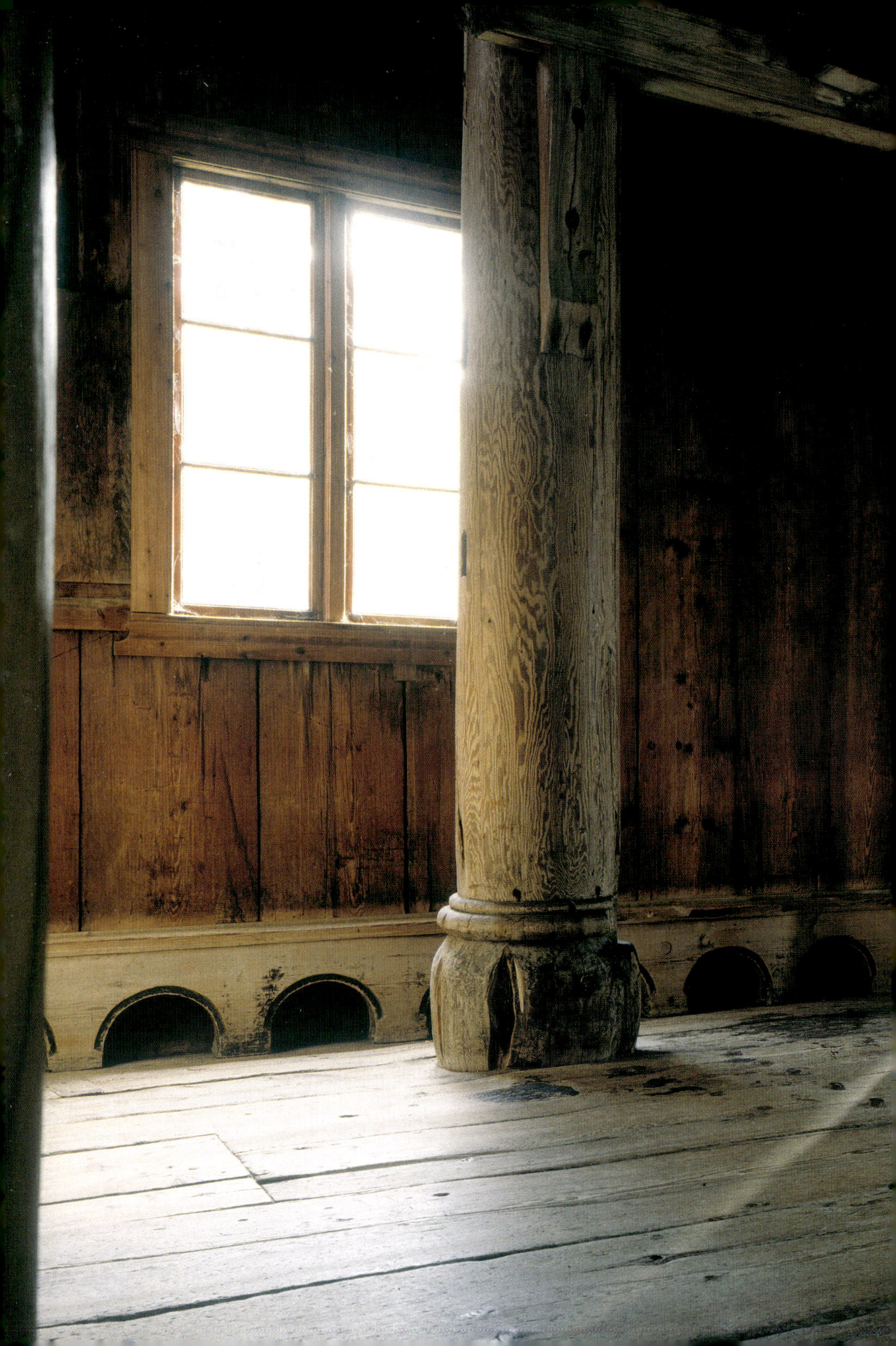

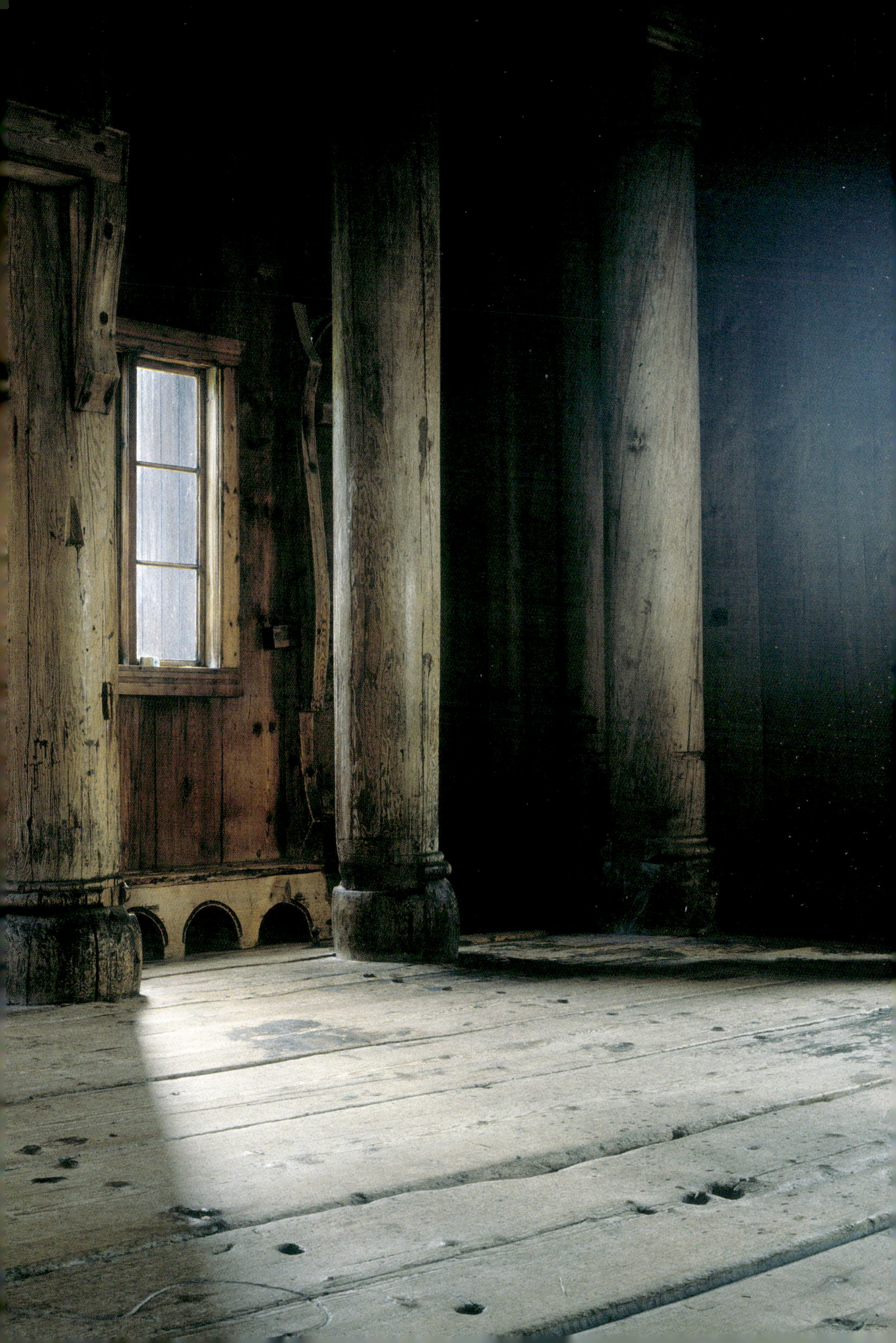

*Der relativ kleine Kirchenraum wird von der reich dekorierten gewölbten Decke mit mittelalterlichen Darstellungen von Christi Leben und Leiden beherrscht*

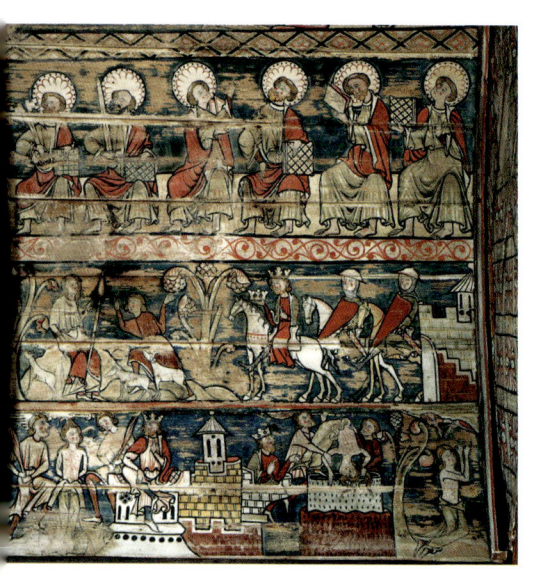

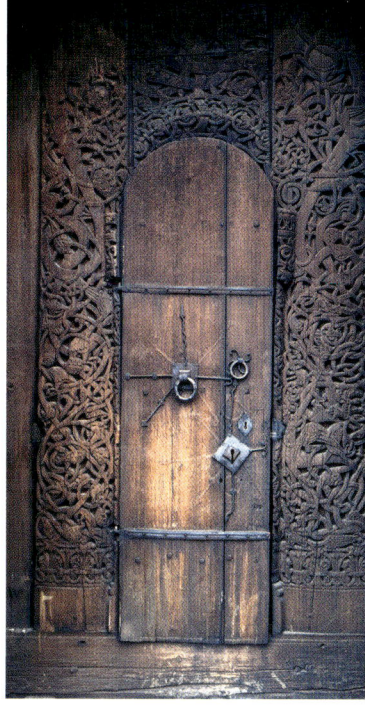

*Der größte Teil der ursprünglichen Stabkirchenkonstruktion ist erhalten geblieben. Die Säulen haben kräftige Basen, die Säulenköpfe sind aufgesetzt*

*Von den beiden Portalen ist das Westportal am besten erhalten*

*Side 96–97: Die seitlichen Kirchenbänke sind authentisch, die Fenster stammen aus dem 19. Jahrhundert*

# HEDALEN

*Die Stabkirche Hedalen wurde 1699 zur Kreuzkirche ausgebaut. Die ursprüngliche Stabkirche ist jetzt der Westflügel der Kreuzkirche*

*Gemeinde Sør-Aurdal (Bezirk Oppland). In der zweiten Hälfte des 12. Jahrhunderts erbaut. Einfache Langkirche, 1699 zur Kreuzkirche ausgebaut. Viele Gegenstände aus dem Mittelalter, unter anderem Madonnafigur, Kruzifix, Altarschrein, Reliquienschrein und Stabkirchenmodell. Ein Prachtportal*

*Nächste Seite: Auch der Chor stammt von 1699. Altarschrein und Kruzifix gehen auf das Mittelalter zurück*

Hedalen ist ein abgelegener Ort in Valdres. Dort finden wir eine Stabkirche, die trotz ihres bescheidenen Äußeren im Inneren wertvolle Schätze verbirgt. Dass die Kirche so viele Gegenstände aus der vorreformatorischen Zeit behalten hat, mag gerade auf die geografische Lage zurückzuführen sein.

Von der ursprünglichen Stabkirchenkonstruktion ist nur der westliche Kreuzflügel, das frühere Kirchenschiff mit Laubengang, erhalten. Es handelt sich hier um eine einfache Langkirche mit Schiff und Chor, wie sie von der frühchristlichen Zeit an in Norwegen stark verbreitet waren.

Besonders beeindruckend ist die große vergoldete und kunstvoll bemalte Madonnafigur an der Nordwand. Jetzt hängt hier wieder das Original statt viele Jahre lang eine Kopie. Zum übrigen Mittelalterinventar zählen der Altarschrein mit Kruzifix, der Reliquienschrein von ca. 1250, das Taufbecken aus Speckstein mit geschnitztem Holzdeckel, das Stabkirchenmodell mit Heiligenkopf und mehrere kleinere Gegenstände an der Südwand des Chores.

Die Eingangstür im Westen hat innen und außen mehrere gut erhaltene Mittelalterbeschläge. Das Portal um die Tür herum weist be-eindruckende Schnitzereien auf und zählt zu den schönsten Stabkirchenportalen.

Die Stabkirche ist heute eine gewöhnliche Gemeindekirche, sie ist in der Sommersaison für Besucher geöffnet.

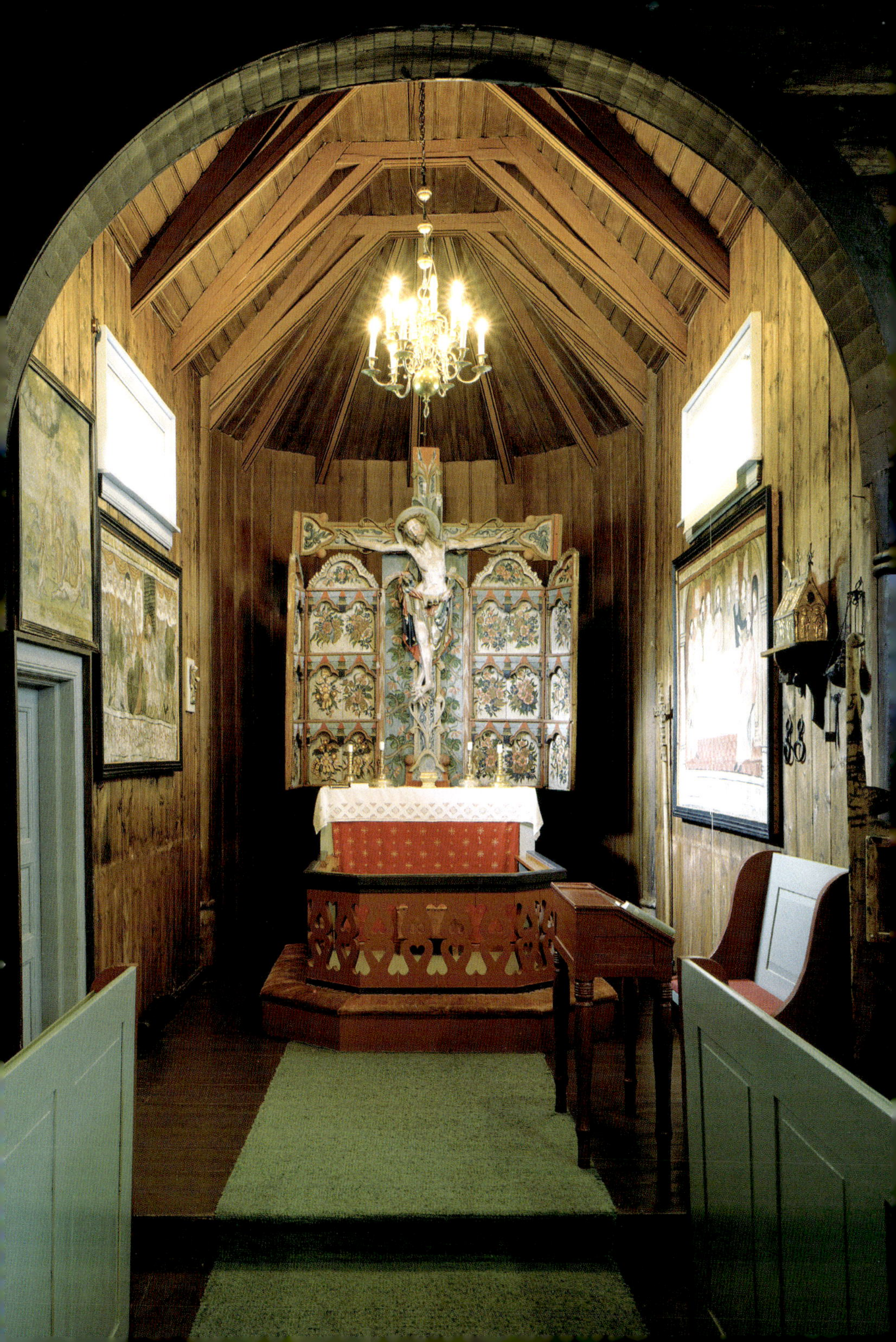

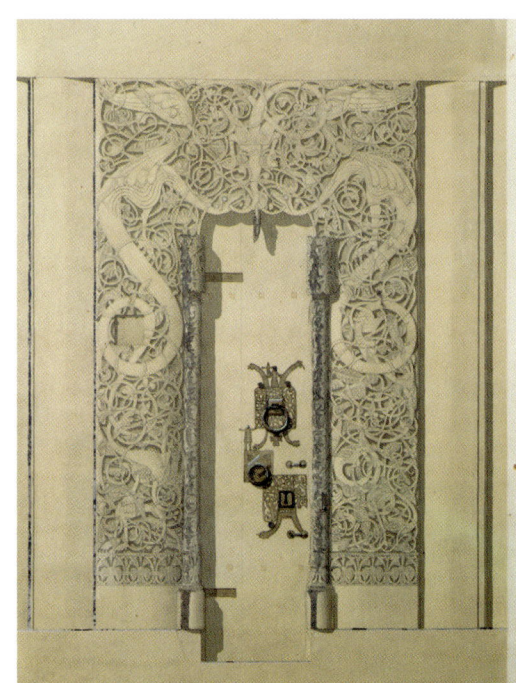

Einer der schönen Mittelalterbeschläge auf der Innen- und Außenseite der Eingangstür

Das Westportal gilt als eines der schönsten Stabkirchenportale. Es steht allerdings etwas beengt und dunkel. Zeichnung von G. A. Bull

Die ursprüngliche Dachkonstruktion des Schiffes, das jetzt den Westflügel der Kreuzkirche bildet

*Die Stabkirche Richtung Osten. Die Kanzel stammt aus den 1760er Jahren. Rechts hängt ein Stabkirchenmodell aus dem Mittelalter*

*Der Reliquienschrein aus Messing (Mitte des 13. Jahrhunderts) hat die Form einer Kirche*

*«Madonna mit dem Kind» an der Nordwand der ursprünglichen Stabkirche*

# REINLI

*Gemeinde Sør-Aurdal (Bezirk Oppland). In der erste Hälfte des 14. Jahrhunderts erbaut. Einschiffige Hallenkirche mit Schiff und Chor in gleicher Breite Al-tartafel aus dem Mittelalter mit Gemälden von 1923, romanisches Taufbecken, Kanzel von ca. 1700*

*Die Stabkirche Reinli steht hoch und frei über dem Begnadal. Der größte Teil des Äußeren ist erhalten geblieben, auch der Laubengang*

*Bei der zum großen Teil erhaltenen Inneneinrichtung aus den Anfängen der Stabkirche fehlt wie in den meisten anderen Stabkirchen die Chorabtrennung*

Die Stabkirche Reinli liegt ca. 4 Kilometer von der Ortsmitte Bagn entfernt auf einer Anhöhe und ist nur über einen recht steilen, etwas mühsamen Weg zu erreichen. Doch oben angekommen wird man durch ein großartiges Panorama belohnt und hat das Begnadal zu seinen Füßen.

Die Stabkirche Reinli ist eine einschiffige Hallenkirche mit Schiff und Chor in gleicher Breite. Es gibt ähnliche Steinkirchen mit dieser Form in Norwegen, aber nur diese eine Stabkirche.

Die Kirche wurde im 17. und 18. Jahrhundert baulich verändert, aber nie vergrößert. Bei der Restaurierung in den 1970er Jahren wurden bestimmte Veränderungen wieder rückgängig gemacht, so dass das heutige Aussehen in etwa dem vor der Reformation entspricht. Die für katholische Kirchen typische Chorabtrennung verschwand jedoch.

Die offene Dachkonstruktion ist vielleicht das wichtigste Merkmal dieser Kirche. Zur Abstützung der tragenden Mittelsäule, die nicht ganz bis zum Fußboden reicht, schuf der Baumeister ein sinnreiches System von Knaggen, Streben und Bändern, welche die verschiedenen Kräfte aufnehmen und verteilen.

Die Stabkirche Reinli ist außerordentlich sehenswert, da sie sich in vielen Einzelheiten von den anderen Stabkirchen unterscheidet.

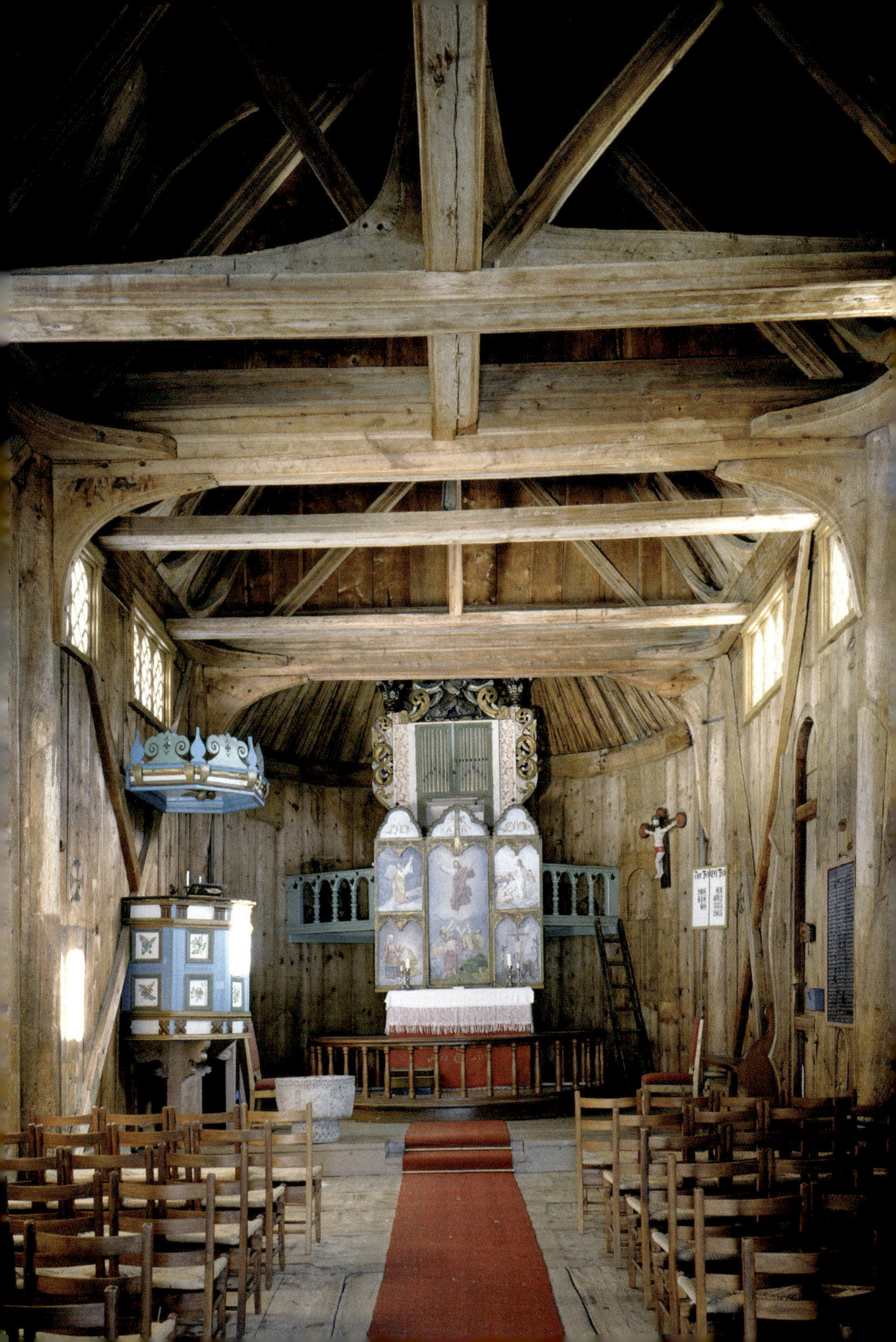

*Stabkirche Reinli um 1900. Der frei stehende Glockenturm stammt aus dem 18. Jahrhundert. Foto: Norwegisches Zentralamt für Denkmalpflege (Riksantikvaren)*

*Die schmiedeeisernen Beschläge an der Eingangstür stammen aus dem Mittelalter. Auch Portal und Laubengang sind authentisch*

104

*Die Altartafel war ursprünglich ein Heiligenschrein aus dem Mittelalter. Die Gemälde wurden 1923 angefertigt*

*Beim Taufbecken aus dem Mittelalter, im romanischen Stil, fehlt der Sockel*

*Die offene Dachkonstruktion ist wahrscheinlich besonders typisch für die Stabkirche Reinli*

# HEGGE

*Die Stabkirche Hegge wurde im 19. Jahrhundert erheblich um- und ausgebaut. Der Glockenturm stammt aus dem 17. Jahrhundert*

*Gemeinde Øystre Slidre (Bezirk Oppland). Im frühen 13. Jahrhundert erbaut. Stabkirche mit erhöhtem Mittelraum, im 19. Jahrhundert mehrfach umgebaut. Zwei Prachtportale. Taufbecken (13. Jahrhundert), Altartafel von 1780, Kanzel aus dem 17. Jahrhundert*

*Nächste Seite: Im Inneren fallen die kräftigen Farben auf. Das Kirchenschiff wird von den Mittelraumsäulen beherrscht*

Im Norden der Region Valdres, an einem Hang, steht die Stabkirche Hegge. Sie wurde im 17. Jahrhundert erheblich umgebaut und erinnert heute wenig an eine Stabkirche. Doch im Innenraum sind viele interessante Details und Merkmale zu finden.

Hegge zählt zu den Stabkirchen mit erhöhtem Mittelraum. Bei der Ausgestaltung wurden kräftige Farben gewählt. Die Decke ist abgesenkt, doch der Mittelraum mit kunstvoll geschnitzten Ecksäulen und Andreaskreuzen tritt deutlich hervor. Die ebenfalls hübsch geschnitzte Altartafel von 1780 ist auch wegen ihrer beeindruckenden Größe eine Sehenswürdigkeit. Das Interessanteste verbirgt sich jedoch über der neuen Decke des Kirchenschiffes. Der Dachboden ist allerdings in der Regel für Besucher nicht zugänglich. Falls doch einmal die Gelegenheit besteht, sollte man sich die zum Teil grotesken Masken oben an den Säulen und die Dachkonstruktion genauer anzuschauen.

In der Kirche befindet sich kein Inventar aus dem Mittelalter, es wurde nach der Reformation und bei mehreren Umbauten, der letzte 1924/25, nach und nach entfernt.

Die Stabkirche ist nach wie vor Gemeindekirche von Hegge, sie ist in der Sommersaison für Besucher geöffnet.

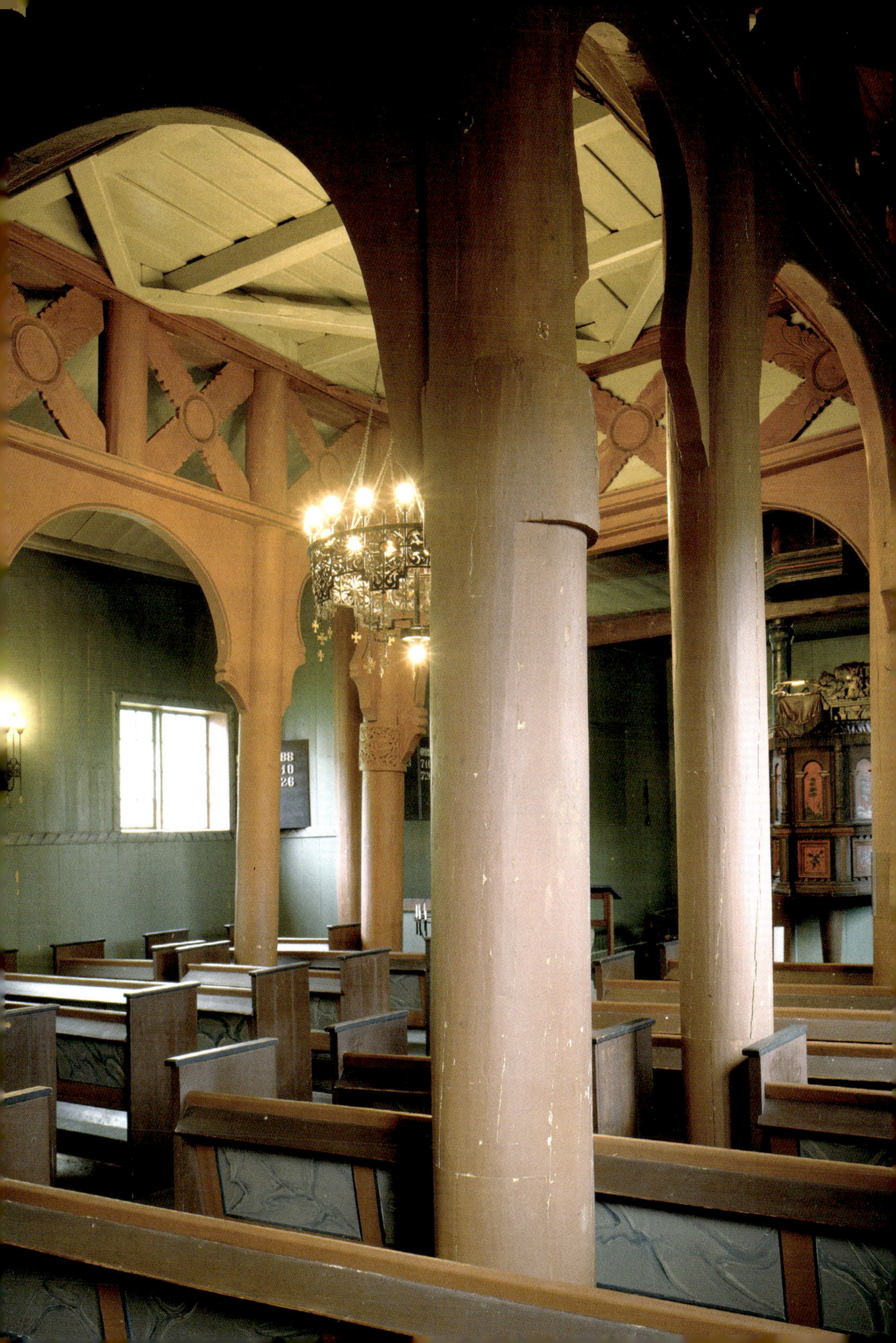

*Westportal mit vergrößertem Ausschnitt. Der Türbeschlag stammt aus dem Mittelalter*

*Die ursprüngliche Dachkonstruktion und die geschnitzten Masken kann man auf dem Dachboden am besten betrachten*

*Taufbecken von ca. 1200*

*Das Portal der Vorhalle mit Löwen im oberen Teil der Kapitelle war vermutlich das Südportal des Schiffes*

*Der Kirchenraum wurde im 19. Jahrhundert umgebaut. Nur der erhöhte Mittelraum erinnert noch an eine Stabkirche*

*Auf der Altartafel von 1780 sind viele verschiedene Szenen dargestellt*

*Nächsta Seite: Die geschnitzten Masken im oberen Teil der Zwischensäulen befinden sich jetzt auf dem Boden über der Decke des Kirchenschiffes*

111

# LOMEN

*Gemeinde Vestre Slidre (Bezirk Oppland). Um 1180 erbaut. Stabkirche mit erhöhtem Mittelraum, 1749 ausgebaut. Drei Portale, zwei Mittelalterglocken, Glockenturm von 1674, Altartafel von 1780, Kanzel von 1628*

*Kapitell am Chorportal. Dieses Portal wurde 1749 bei der Erweiterung des Chores in den Windfang umgesetzt*

*Die Stabkirche Lomen erhebt sich hoch in der Landschaft. Typisch ist die liegende Holzverschalung*

Ein kleines Stück oberhalb der Fernstraße erhebt sich die kleine, braungebrannte Kirche majestätisch über dem Slidrefjord und bildet den Mittelpunkt eines kleinen Friedhofs.

Auf den ersten Blick scheint es sich hier nicht um eine Stabkirche zu handeln. Bei einem Ausbau im 18. Jahrhundert wurde sie mit der liegenden Holzverschalung versehen, und ein früherer Laubengang wurde in das Schiff einbezogen. Im Inneren ist Lomen aber weiterhin eine relativ intakte Stabkirche – mit erhöhtem Mittelraum und dem größten Teil der ursprünglichen tragenden Konstruktion wie früher.

An Mittelalterinventar findet sich nur wenig, eine alte Kiste im Chor entspricht allerdings den in Wikingerschiffen gefundenen Behältnissen. In der Kirche steht auch der Sockel eines Taufbeckens aus dem 13. Jahrhundert – vielleicht der fehlende Sockel des Taufbeckens in der Stabkirche Reinli?

Die Stabkirche hat drei Portale: ein von Wind und Wetter ziemlich mitgenommenes Portal im Windfang, ein gut erhaltenes Westportal im Schiff und ein Südportal im Chor.

Nach der Einweihung der neuen Kirche Lomen (1914) wurde diese zur Gemeindekirche. In der Stabkirche finden gelegentlich kirchliche Handlungen statt, wegen fehlender Heizung jedoch nur im Sommer. Die Stabkirche Lomen ist im Sommerhalbjahr für Besucher geöffnet.

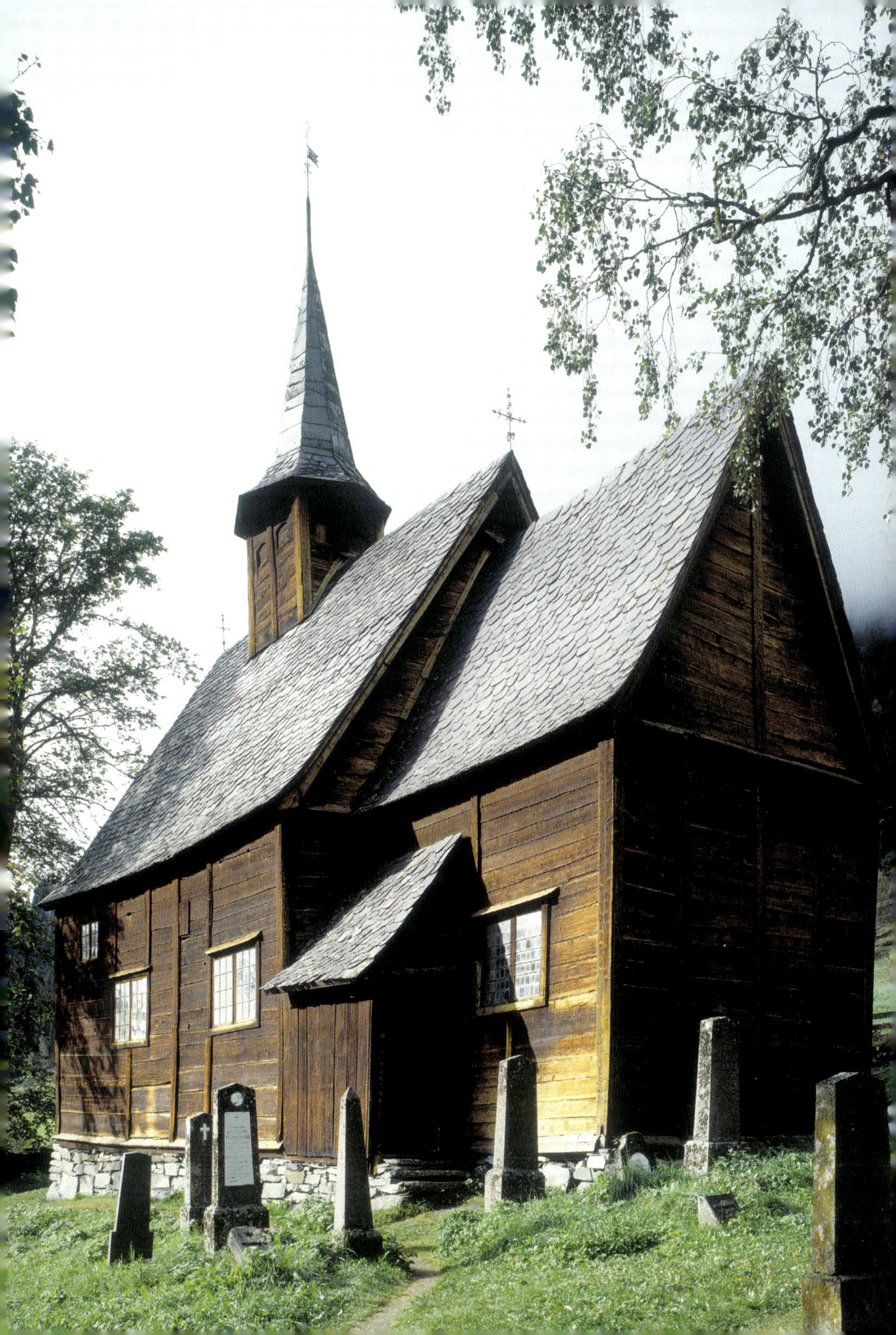

*Seiten 116-117: Lomen Stabkirche liegt hoch oberhalb dem Slidrefjord. Glockenturm von 1674*

*Chor mit Altartafel aus den 1780er Jahren*

*Der erhöhte Mittelraum im Kirchenschiff. Die Zwischensäulen sind oben mit geschnitzten Masken versehen. Wie in der Stabkirche Høre wurde Lomen dadurch verbreitert, dass man den Laubengang ins Schiff integrierte (1749)*

Die Stabkirche Lomen in der Zeit um 1900, als sie noch benutzt wurde. Abgesehen von der sie umgebenden Vegetation hat sich an der Kirche selbst nichts geändert

Die Stabkirche hat drei Portale: ein vom Wetter gezeichnetes Südportal, das in den Windfang umgesetzt wurde, ein ursprüngliches Westportal und ein Chorportal. Mittelalterbeschlag an der Eingangstür

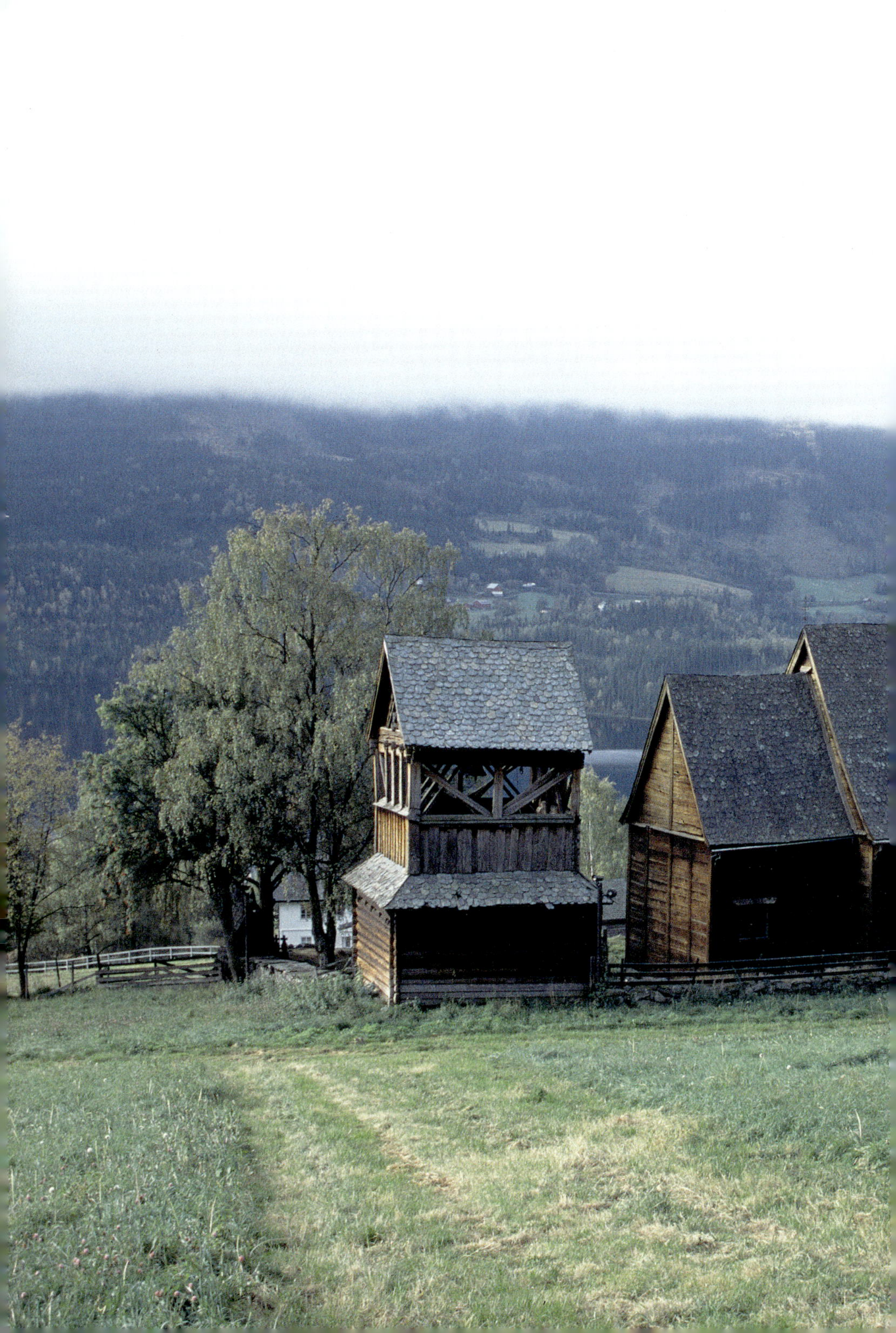

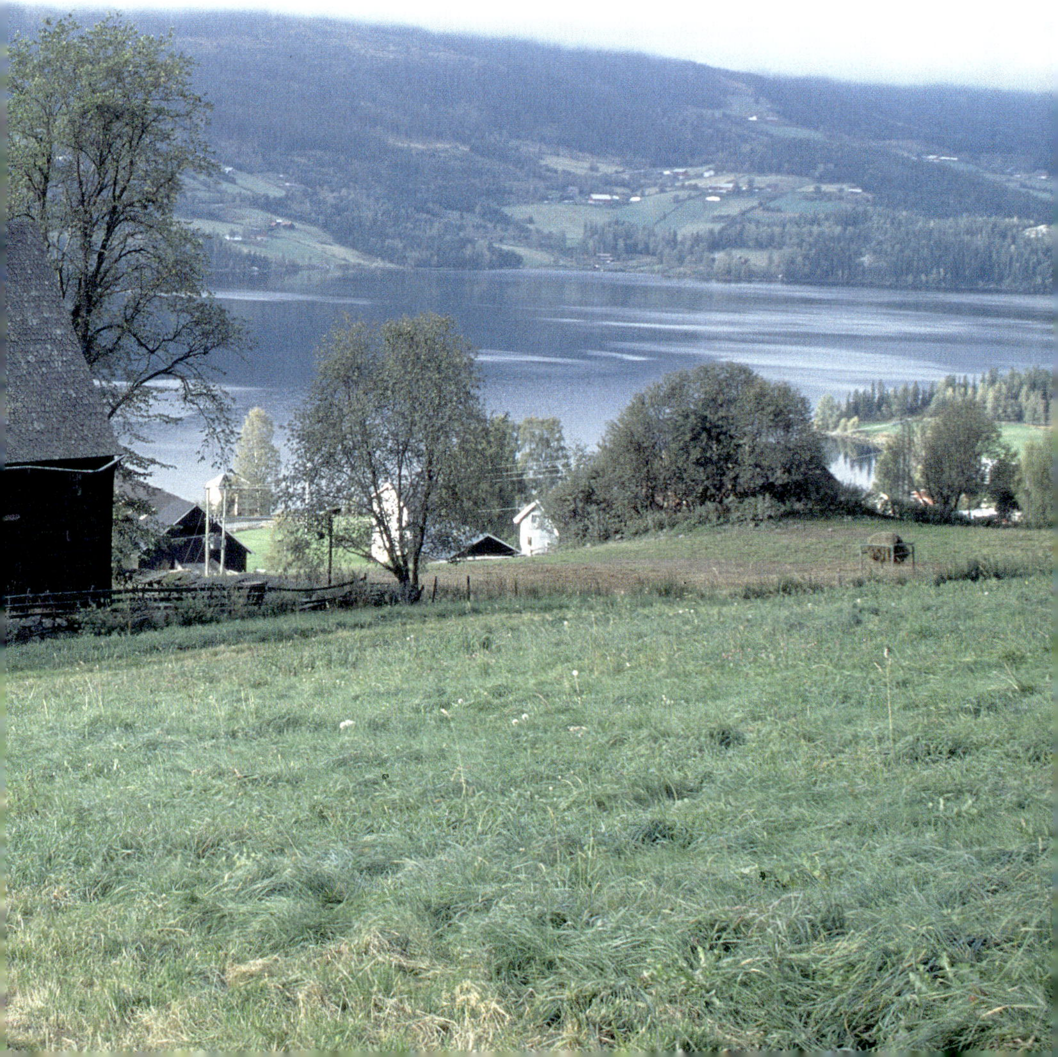

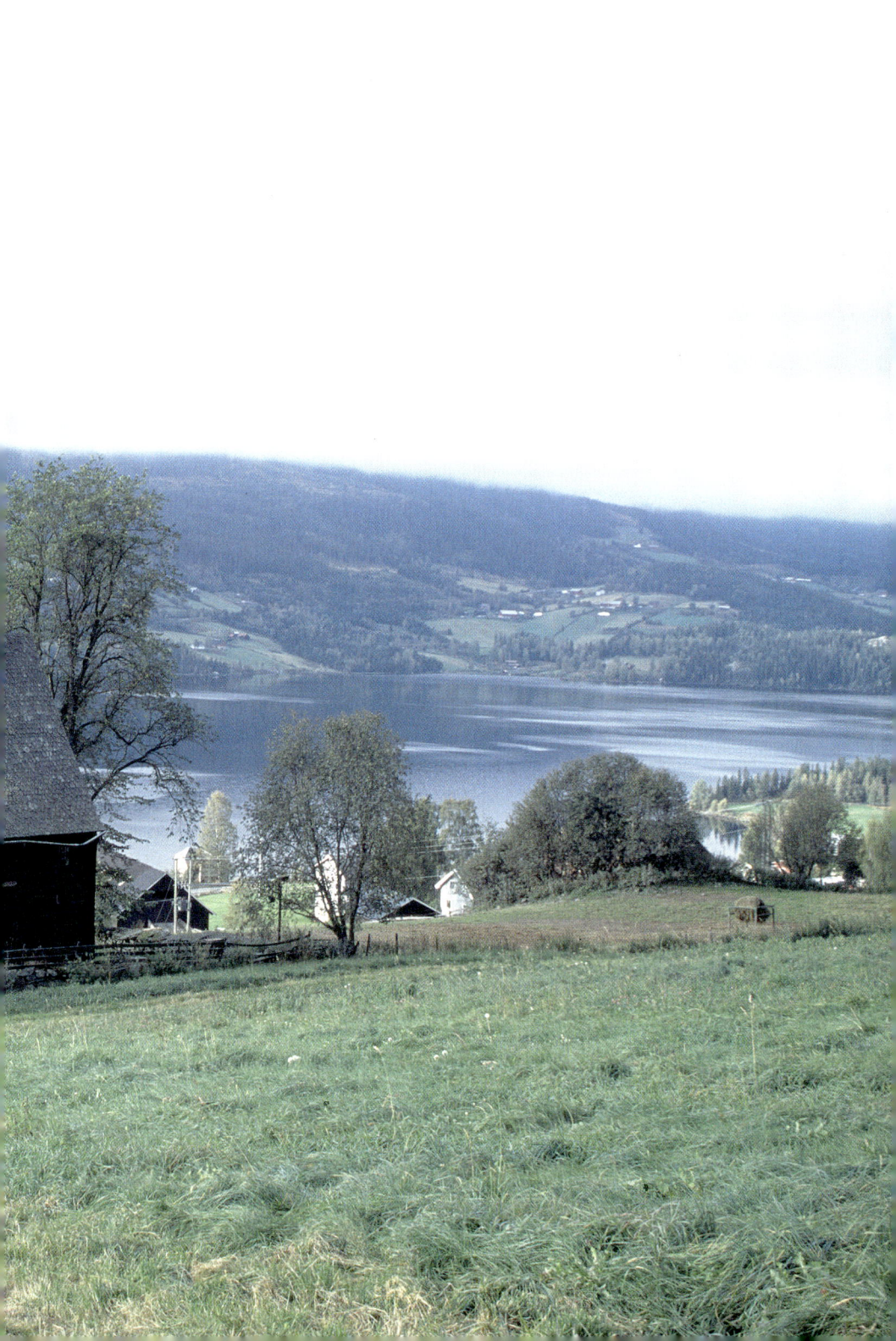

# HØRE

*Die Stabkirche Høre hat außen eine relativ neue Verkleidung, das Innere ist dagegen gut erhalten*

*Gemeinde Vang (Bezirk Oppland). In der zweiten Hälfte des 12. Jahrhunderts erbaut. Stabkirche mit erhöhtem Mittelraum, im 19. Jahrhundert umgebaut. Zwei Prachtportale, geschnitzte Kapitele an den Mittelraumsäulen und Masken über der Decke. Altartafel von ca. 1800*

*Nächste Seite: An jeder der vier Ecksäulen befindet sich ein aufwendig geschnitzter Säulenkopf*

Ein Stück von der Hauptstraße entfernt, auf einer Anhöhe, gibt es ein gut erhaltenes, wenig bekanntes Juwel. Äußerlich sieht die Kirche recht neu aus, und so erwartet man nicht unbedingt interessante alte Schätze. Im Inneren ist die Kirche jedoch nicht neu, und fast die gesamte Mittelalterkonstruktion ist intakt. Das durch die Bleiglasfenster einfallende farbige Licht verstärkt die sakrale Atmosphäre.

Diese Stabkirche gehört zum Typ mit erhöhtem Mittelraum und ähnelt der Stabkirche Lomen. Da die beiden Kirchen nicht weit voneinander entfernt sind und mit wenigen Jahren Abstand gebaut wurden, hatten sie vielleicht denselben Baumeister.

Zu den interessantesten Einzelheiten zählen die reich geschnitzten Kapitele an den Ecksäulen. Wie in der Stabkirche Hegge enden die Zwischensäulen oben in bemalten, geschnitzten Masken, die aber über der Decke verborgen sind. Leider kommt man hier nicht so leicht auf den Dachboden.

In der Vorhalle gibt es zwei Prachtportale: das eine ist das Westportal, das andere möglicherweise das Südportal des Schiffes.

Die Stabkirche Høre ist Gemeindekirche von Høre, sie ist normalerweise in der Sommersaison für Besucher geöffnet.

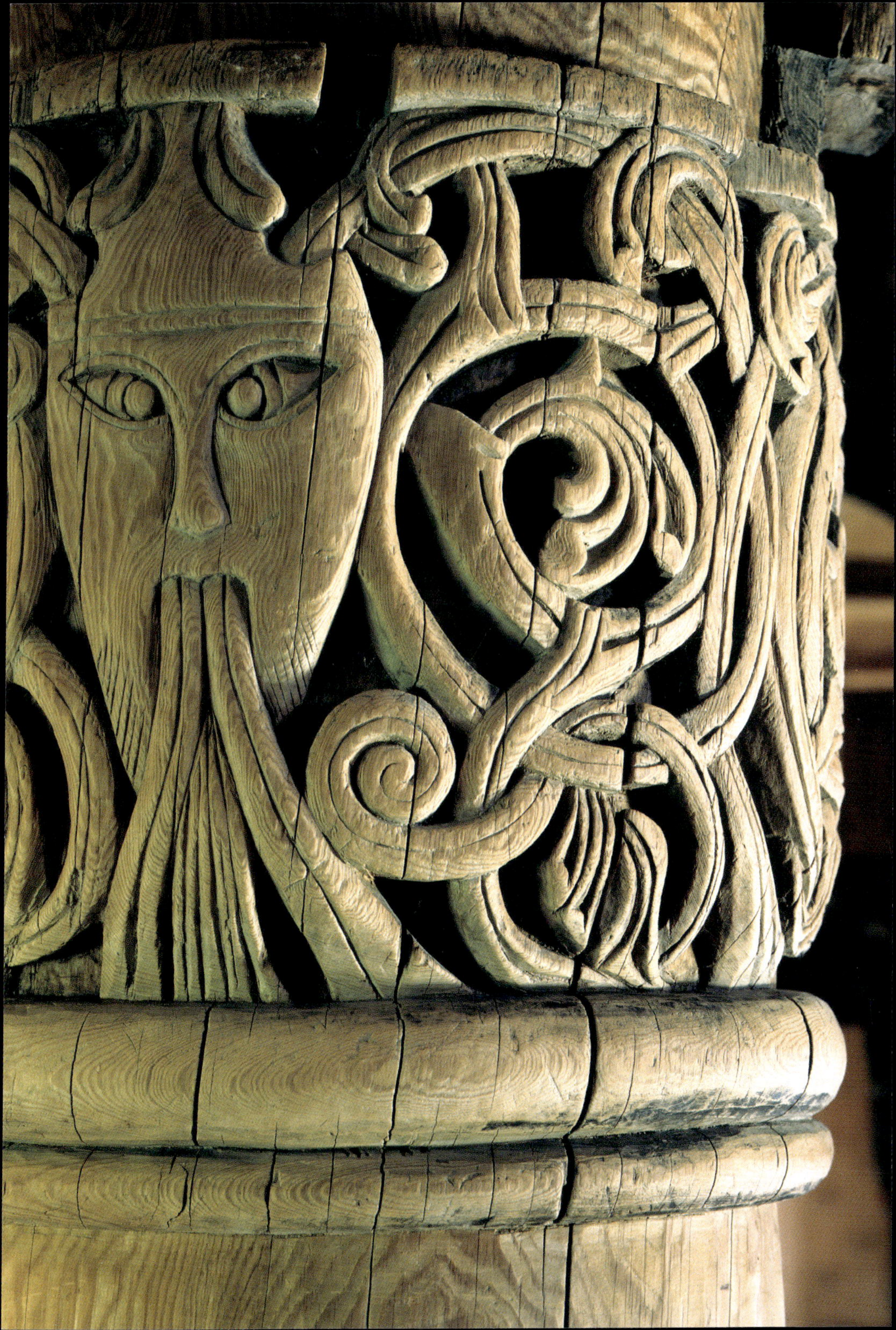

*Die Kvien-Höfe bildeten eine kleine Siedlung nahe der Stabkirche. Ca. 1880 aufgenommen. Foto: Norwegisches Zentralamt für Denkmalpflege (Riksantikvaren)*

*Das vom Wetter gezeichnete Portal in der Vorhalle war vermutlich das Südportal des Schiffes. Ausschnitt aus dem Westportal*

*Die Altartafel stammt von ca. 1800*

*Masken an den Zwischensäulen über der Decke. Der Dachboden ist für Besucher leider nicht zugänglich*

*Kirchenraum mit Blick auf den Chor. Der seitliche Ausbau durch Integrierung des Laubengangs in den Kirchenraum ist deutlich zu erkennen*

# VANG

*So sah die Stabkirche Vang vor und während des Abbaus aus. Zeichnung von F. W. Schiertz (1841)*

*Dieselbe Stabkirche nach dem Wiederaufbau in Karpacz (Polen, ehemals Schlesien)*

*Ursprünglich in der Gemeinde Vang (Bezirk Oppland), jetzt in Karpacz (Polen). Um 1200 erbaut, 1841 abgebaut. Einfache Langkirche, drei Prachtportale. Kein ursprüngliches Inventar*

*Nächste Seite: Im Großen und Ganzen hat sich durch die Umsetzung am Inneren der Kirche nichts geändert, nur die Außenwände mit Fensterreihe sind neu. Der Chor hatte keine Apsis*

Die Stabkirche Vang wurde 1841 abgerissen, vom preußischen König erworben und später im damals zu Deutschland gehörenden Brückenberg bei Krummhübel, dem heutigen Karpacz in Polen wieder aufgebaut. Doch weder Lage noch Aussehen können sich mit Standort und Erscheinungsbild in Vang messen. Von der ursprünglichen Stabkirche stammen vor allem Säulen und Portale. Die Säulen sind mit geschnitzten Kapitellen versehen, damals wurden also wohl Bauteile mit Schnitzwerk als besonders wertvoll angesehen.

Auch wenn Materialauswahl, Farben und die vielen Fenster nicht der alten Kirche entsprechen können, stimmt doch der Kirchenraum gut mit den vor dem Abriss von Schiertz angefertigten Zeichnungen überein.

Die Stabkirche hat drei Prachtportale. Zwei davon wurden seitenverkehrt mit der Ausschmückung zum Kirchenraum eingesetzt, eine höchst ungewöhnliche Lösung.

Die Kirche hat sehr hohe Besucherzahlen. Es handelt sich wirklich um eine Touristenattraktion, und kurze Führungen werden in mehreren Sprachen durchgeführt. Wahrscheinlich kann keine Stabkirche in Norwegen Besucherzahlen wie Vang in Polen aufweisen.

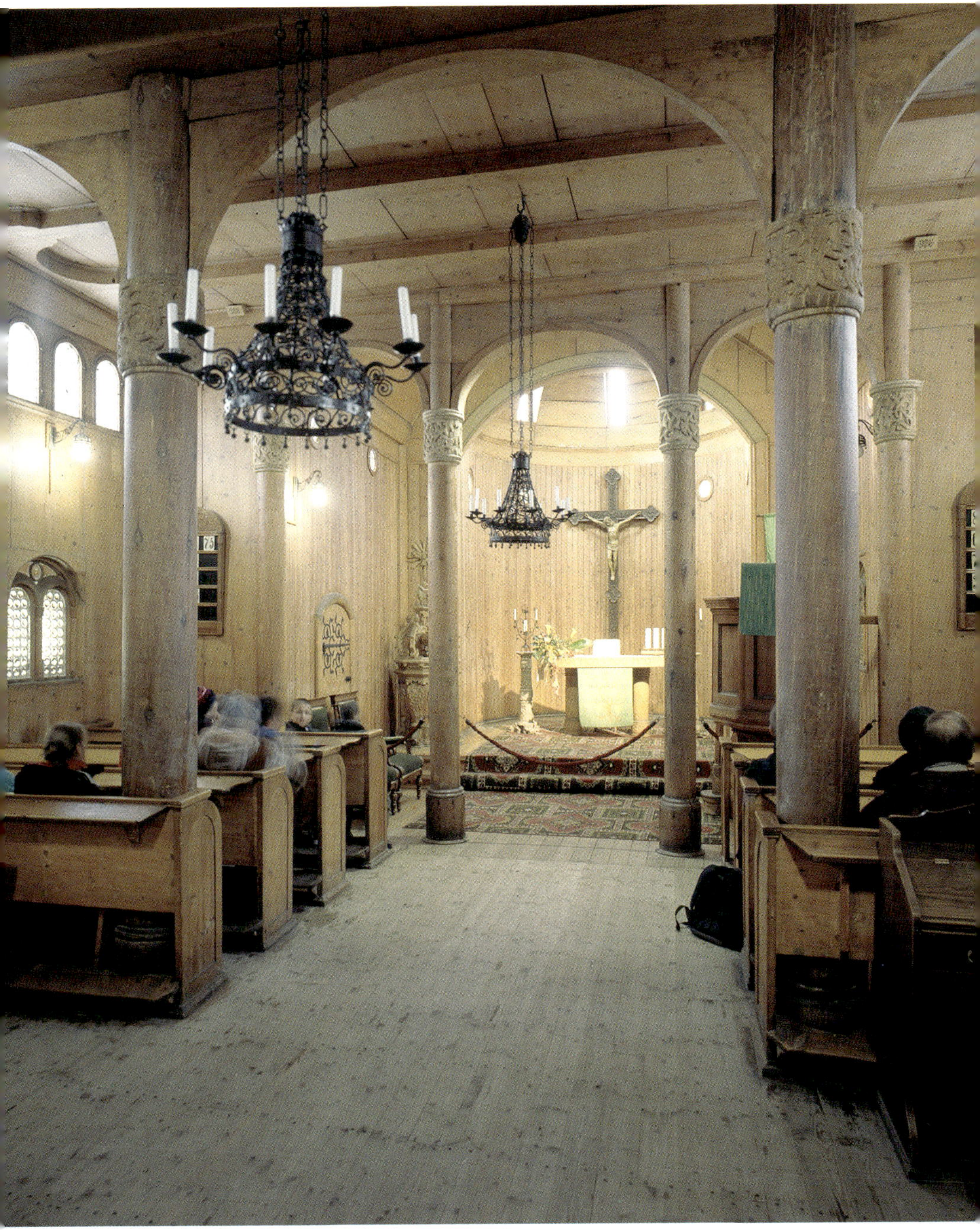

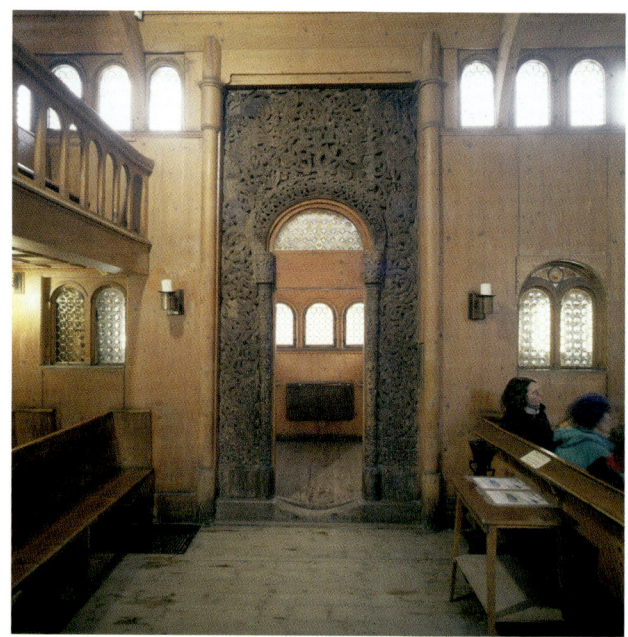

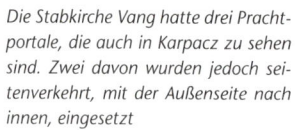

*Die Stabkirche Vang hatte drei Prachtportale, die auch in Karpacz zu sehen sind. Zwei davon wurden jedoch seitenverkehrt, mit der Außenseite nach innen, eingesetzt*

*Die Wandgemälde und die aufwendig bemalte gewölbte Decke (Bild unten) aus dem Mittelalter sind nicht mehr vorhanden. Nur die Aquarelle von F. W. Schiertz sind als Dokumentation erhalten geblieben. Foto: Norwegisches Zentralamt für Denkmalpflege (Riksantikvaren)*

# ØYE

*Die Stabkirche ist schön am See Vangmjøsi, unweit der Hauptstraße, gelegen. Beim Wiederaufbau im Jahr 1953 war von der ursprünglichen Bausubstanz nicht mehr viel vorhanden*

*Gemeinde Vang (Bezirk Oppland). In der zweiten Hälfte des 12. Jahrhunderts erbaut. Einfache Langkirche, 1747 abgerissen, 1953–57 wieder aufgebaut. Gotisches Kruzifix. Zwei Portale und ein Altarantependium im Kulturhistorischen Museum Oslo*

Øye ist die letzte Stabkirche in Valdres, bevor die Europastraße zum Filefjell und Richtung Lærdal am Sognefjord ansteigt. Von dort geht es weiter nach Bergen. Die Stabkirche liegt reizvoll oberhalb des Sees Vangmjøsi, höher noch als der alte Kirchplatz. Die Stabkirche wurde nach Fertigstellung der neuen Kirche Øye (1747) abgerissen. Als diese 1935 restauriert wurde, fand man unter dem Fußboden Bauteile der Stabkirche.

Die Stabkirche wurde in den Jahren 1953–57 rekonstruiert und 1965 als Gotteshaus eingeweiht. Die Portale der Kirche sind Replikate. Die Originale befinden sich im Kulturhistorischen Museum Oslo, zusammen mit einem Altarantependium aus dem 14. Jahrhundert.

Was das Kircheninventar betrifft, ist das gotische Kruzifix auf dem Altar und das hölzerne Taufbecken am interessantesten. Das Taufbecken stammt ebenfalls aus dem Mittelalter und befand sich ursprünglich in der abgerissenen St.-Thomas-Kapelle auf dem Filefjell.

Gelegentlich finden in der Stabkirche Øye kirchliche Handlungen statt, im Wesentlichen ist sie jetzt jedoch eine Museumskirche.

*Das hölzerne Taufbecken aus der Zeit um 1300 befand sich zunächst in der später abgerissenen St.-Thomas-Kapelle auf dem Filefjell*

*Gotisches Kruzifix über dem Altar*

*Die Kirche wurde stark rekonstruiert, das Portal (eine Kopie) stand wahrscheinlich an anderer Stelle in der Kirche. Die Säulen sind hingegen authentisch*

# GARMO

*Die Stabkirche 1865 in Garmo und am heutigen nicht weniger idyllischen Platz im Freilichtmuseum Maihaugen*

*Ursprünglich in der Gemeinde Lom (Bezirk Oppland). Im 13. Jahrhundert erbaut. 1881 abgerissen und 1921 im Freilichtmuseum Maihaugen in Lillehammer wieder aufgebaut. Taufbecken aus dem 12. Jahrhundert*

*Nächste Seite: Die Inneneinrichtung mit der Altartafel aus der früheren Kirche Lillehammer verleiht dem Raum einen warmen Charakter und erinnert an gut erhaltene Kirchen aus dem 17. Jahrhundert. Das Taufbecken stammt aus der ursprünglichen Kirche in Garmo*

Die Stabkirche Garmo stammt aus der gleichnamigen Ortschaft auf halbem Wege zwischen Vågå und Lom. Sie wurde ebenso wie die Stabkirchen Gol und Haltdalen abgebaut und in einem Freilichtmuseum wieder aufgebaut. So kann die Stabkirche Garmo heute im Freilichtmuseum Maihaugen in Lillehammer besichtigt werden.

Als 1882 eine neue Kirche fertig gestellt war, wurde die ziemlich verfallene Stabkirche abgerissen. Vor dem Abriss war von der ursprünglichen Bausubstanz nur noch wenig vorhanden. Die erhaltenen Teile wurden gesammelt und beim Wiederaufbau in Maihaugen (1921) verwendet. Die Stabkirche Garmo ist aber trotzdem als Rekonstruktion zu bezeichnen.

Das Inventar stammt aus mehreren Orten. Die Altartafel befand sich ursprünglich in der alten Kirche Lillehammer und die Kanzel in der Kirche Hustad im Romsdal. Aus der alten Stabkirche kam das Speckstein-Taufbecken vom Ende des 12. Jahrhunderts.

Heute hat die Stabkirche Garmo einen idyllischen Standort gleich am Eingang des Freilichtmuseums Maihaugen.

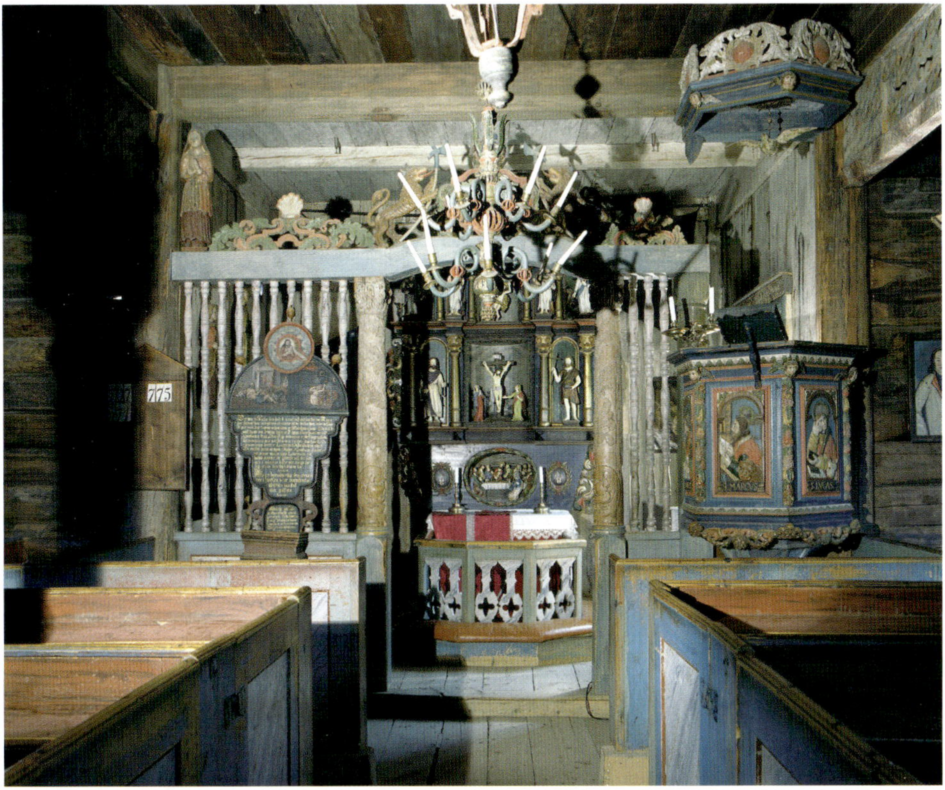
775

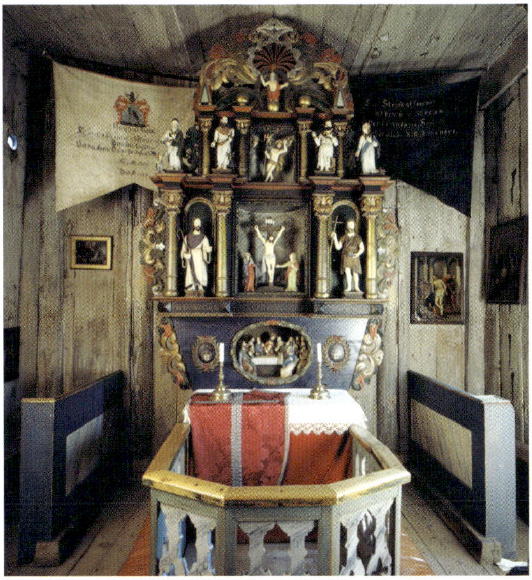

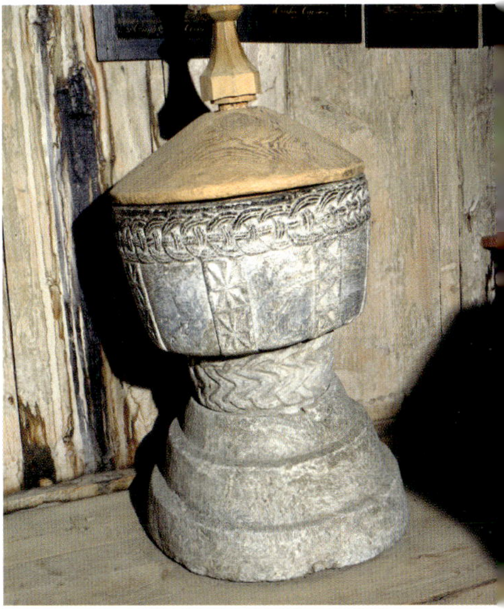

# RINGEBU

*Die Stabkirche Ringebu ragt in der sie umgebenden Landschaft hoch auf. Sie wurde in den 1630er Jahren zur Kreuzkirche umgebaut*

*Gemeinde Ringebu (Bezirk Oppland). In der zweiten Hälfte des 12. Jahrhunderts erbaut. Stabkirche mit erhöhtem Mittelraum, in den 1630er Jahren zur Kreuzkirche ausgebaut. Taufbecken aus Speckstein aus dem 12. Jahrhundert, zwei Kruzifixe aus dem 14. Jahrhundert, Altartafel von 1686, Kanzel von 1702*

*Nächste Seite: Chortrennwand mit Holzskulptur von St. Laurentius links. Das Königsmonogramm von Fredrik IV. und die Kanzel wurden von demselben Holzschnitzer angefertigt*

Auf einem Plateau oberhalb des Flusses Lågen ist eine der wenigen erhaltenen Stabkirchen des Gudbrandsdals zu finden. Als wichtigste Gründe für die geringe Zahl sind das starke Wirtschaftswachstum im 18. Jahrhundert, die Bevölkerungszunahme und die Notwendigkeit größerer und zeitgemäßerer Kirchen zu nennen.

Die Stabkirche in Ringebu wurde in den 1630er Jahren von Baumeister Werner Olsen Skurdal zur Kreuzkirche umgebaut. Dieser leitete auch die Arbeiten in den Stabkirchen Lom und Vågå. Nur der westliche Kreuzflügel gehört zur ursprünglichen Stabkirche. Beim Ausbau war man aber darauf bedacht, die typischen Merkmale der Stabkirche zu erhalten. Der größte Teil der tragenden Konstruktion ist intakt.

Vom Mittelalterinventar sind noch zwei Kruzifixe aus dem 14. Jahr-hundert vorhanden. Altartafel, Kanzel und Chorabtrennung wurden Ende des 17. Jahrhunderts / Anfang des 18. Jahrhunderts angefertigt. Es handelt sich um frühe Beispiele von Schnitzereien mit Akanthusranken, für die das Gudbrandsdal im 18. Jahrhundert so bekannt wurde.

Die Stabkirche Ringebu ist nach wie vor Gotteshaus der Gemeinde Ringebu. Sie ist im Sommer für Besucher geöffnet.

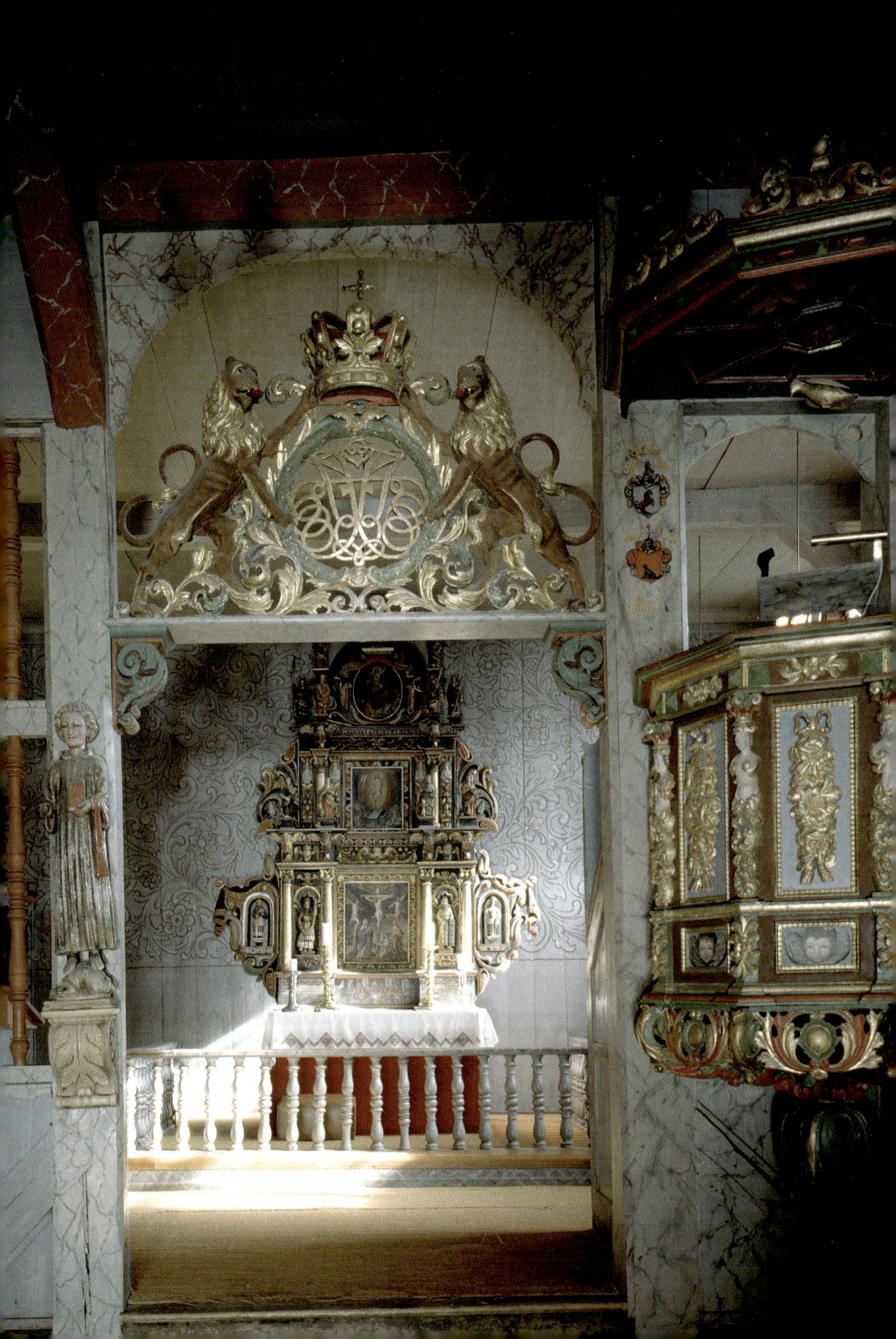

*In der Kirche hängen zwei Kruzifixe aus dem 14. Jahrhundert, das größere über dem Westeingang, das kleinere an der Ostwand der früheren Stabkirche. Foto: Norwegisches Zentralamt für Denkmalpflege (Riksantikvaren)*

*Die Stabkirche hat eine schöne Lage im Gudbrandsdal, umgeben von einer fruchtbaren Landschaft*

*Der Westflügel ist eine intakte Stabkirche mit erhöhtem Mittelraum*

# LOM

*Die Stabkirche Lom liegt auf einer Ebene am Rande von Fossbergom, dem Hauptort der Gemeinde Lom. Sie wurde 1664 zur Kreuzkirche ausgebaut*

*Gemeinde Lom (Bezirk Oppland). In der zweiten Hälfte des 12. Jahrhunderts erbaut. Stabkirche mit erhöhtem Mittelraum, 1664 zur Kreuzkirche ausgebaut. Drei Portale, Altartafel von 1669, Kanzel von 1790*

*Nächste Seite: Die Stabkirche zählt zu dem Typ mit erhöhtem Mittelraum und beeindruckt jeden Besucher, der die Kirche betritt*

An einer wichtigen Straßenkreuzung – eine Straße führt nach Westnorwegen und die andere über das Gebirge nach Sogndal – steht die Stabkirche Lom. Wie die Nachbarkirche in Vågå wurde sie von ein und demselben Baumeister, Werner Olsen Skurdal, zur Kreuzkirche umgebaut. Im Gegensatz zu Vågå ist in Lom jedoch von der früheren Stabkirche fast alles vorhanden. Die gesamte tragende Konstruktion und die Außenwände des westlichen Kreuzflügels sind intakt.

Von dem vorreformatorischen Inventar ist dagegen nicht viel übrig geblieben. Der größte Teil verschwand bei dem Umbau im 17. Jahrhundert. Eine Ausnahme bilden Schnitzereien wie die kunstvoll gestalteten Säulen der Chortrennwand. Kanzel und Altartafel stammen aus dem 18. Jahrhundert, deren aufwendig geschnitzte Akanthusornamente sind typisch für die Kirchen im Gudbrandsdal.

Die Stabkirche hat drei Portale. Diese sind Wind und Wetter ausgesetzt, was an zweien auch deutlich erkennbar ist.

Die Stabkirche Lom ist nach wie vor Gemeindekirche von Lom. In der Sommersaison ist sie für Besucher geöffnet. Da sie gut sichtbar an der Hauptstraße steht, halten viele auch spontan an, um sich die Kirche anzuschauen.

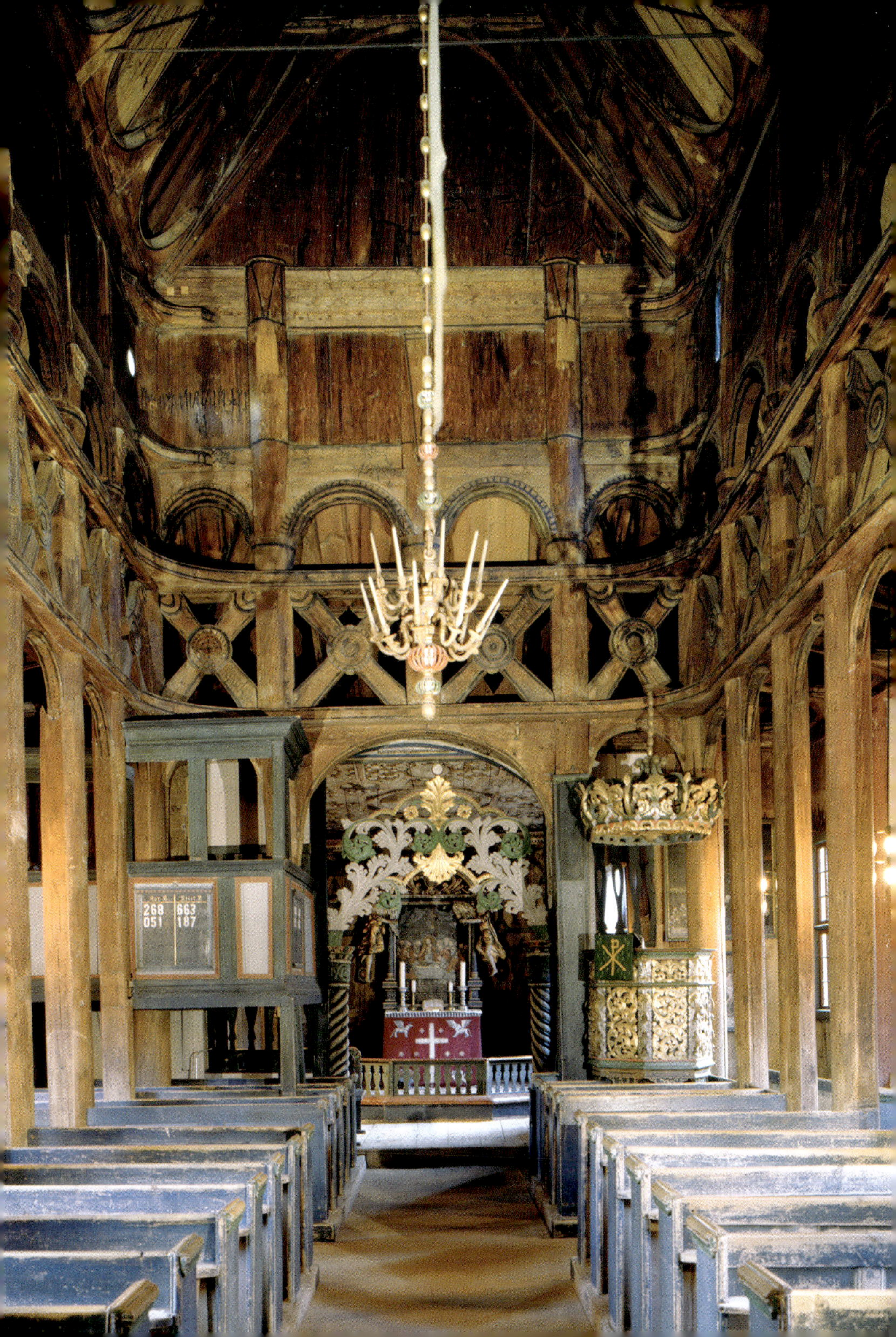
268 663
051 187

*Die Altartafel stammt von 1669. Kanzel und Chorabtrennung im Akanthusstil wurden 1790 von Jakup Sæterdalen geschnitzt*

*Das Nordportal, mit Löwen an den Kapitellen, ist in einem besseren Zustand als die beiden anderen Portale*

*Die Stabkirchenkonstruktion im erhöhten Mittelraum ist ein sinnreiches Zusammenwirken vieler Bauteile. Die allermeisten davon haben eine konstruktive Funktion. Diese Stabkirche gehört wie mehrere Stabkirchen am Sognefjord zu den Säulenkirchen*

*Sidene 138–139: Stabkirchenkonstruktion in der Kreuzmitte*

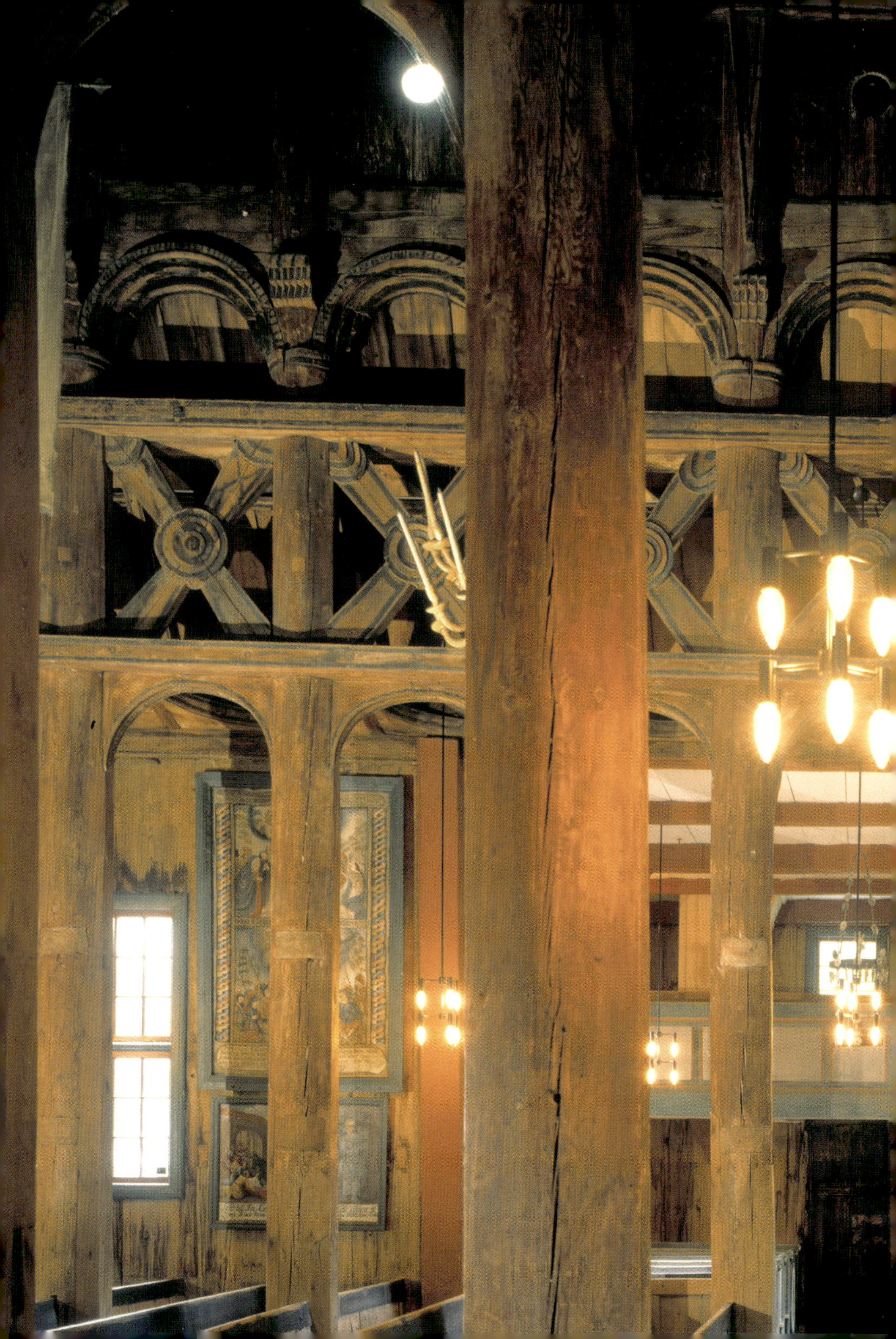

| 268 | 663 |
| 051 | 187 |

# HALTDALEN

*Die Stabkirche Haltdalen nach Aufstellung an der Wissenschaftsakademie in Trondheim (links) und jetzt im Freilichtmuseum Sverresborg Trøndelag Folkemuseum. Die einfachen Säulenportale sind in der Südfassade gut erkennbar*

Ursprünglich von Gemeinde Ålen (Bezirk Sør-Trøndelag), jetzt im Freilichtmuseum Trøndelag Folkemuseum in Trondheim. Am Ende des 12. Jahrhunderts erbaut. Einfache Langkirche, drei einfache Säulenportale

Die Stabkirche Haltdalen steht heute im Freilichtmuseum Sverresborg Trøndelag Folkemuseum in Trondheim. Der ursprüngliche Standort war, wie der Name besagt, die Ortschaft Haltdalen im Bezirk Sør-Trøndelag. Durch den Bau der neuen Kirche Haltdalen (1881) wurde die Stabkirche überflüssig, abgerissen und zunächst am Wissenschaftsmuseum in Trondheim wieder aufgebaut. Dort stand sie bis 1937 und wurde dann in das Freilichtmuseum umgesetzt.

Es handelt sich um eine kleine Stabkirche des wahrscheinlich am meisten verbreiteten Typs in Norwegen – eine Langkirche mit Schiff und etwas schmalerem Chor. In der Kirche befinden sich keine Gegenstände, so dass hier vor allem die Konstruktion im Mittelpunkt steht. Der größte Teil der ursprünglichen Bausubstanz ist erhalten. Die Stabkirche Haltdalen ist ein Beispiel für den Stabkirchentyp, der in der frühchristlichen Zeit in kleineren Orten üblich war.

Betrachtet man die Kirche von außen, fallen besonders die Ecksäulen mit ihren großen kugelförmigen Basen auf. Auch die Portale sollte man sich genauer anschauen. Das Westportal des Schiffes ist ein einfaches Säulenportal mit geschnitzten Kapitellen. Es stammt aus der Stabkirche Ålen nicht weit von Haltdalen entfernt.

Das Freilichtmuseum Sverresborg Trøndelag Folkemuseum ist insgesamt sehr sehenswert.

Das Westportal, dem man die Wettereinflüsse ansieht, ist ein Säulenportal mit Vorbildern in der Steinarchitektur

Am Äußeren der Stabkirche fallen die kugelförmigen Basen der Ecksäulen besonders auf

Der größte Teil der Dachkonstruktion ist authentisch

# KVERNES

*Gemeinde Averøy (Bezirk Møre og Romsdal). Um 1300 erbaut. Stabkirche des Møretyps, 1633 ausgebaut, bis 1893 benutzt. In die Altartafel integrierter spätgotischer Altarschrein. Eigentum des Altertumsvereins*

*Die Stabkirche Kvernes steht an einer schönen Stelle oberhalb des Fjords. Typisch für die Stabkirchen in Møre sind die Außenstützen der Seitenwände*

Die rot gestrichene Stabkirche Kvernes erhebt sich auf einem kleinen Rücken oberhalb des Fjords, unweit der neuen Kirche. Die Kirchen in Møre bilden eine Ausnahme von der Regel, dass die heute erhaltenen Stabkirchen entweder am Sognefjord oder in den ostnorwegischen Tälern mit trockenem Klima stehen. Die Stabkirche Kvernes gehört zum sogenannten Møretyp. Typisch für diese Langkirchen mit oder ohne Mittelmast sind die Außenstützen der Seitenwände. Ob sie ursprünglich vorhanden waren, ließ sich nicht nachweisen, aber die Konstruktion der Kirche ist vermutlich nicht stabil genug, um den Stürmen in Nordwestnorwegen standzuhalten.

Im Kirchenraum scheint die Zeit seit mehreren hundert Jahren still-zustehen. Nach der Fertigstellung der neuen Kirche gleich nebenan wurde die Stabkirche nicht mehr benutzt und ging 1893 in den Besitz des Altertumsvereins (Fortidsminneforeningen) über.

Die Stabkirchenkonstruktion ist erhalten geblieben, allerdings in einer etwas einfacheren Form als in den aufragenden Stabkirchen mit erhöhtem Mittelraum. Von dem beeindruckenden Inventar des 17. Jahrhunderts ist das meiste erhalten. In die Altartafel wurde ein Altarschrein aus dem Mittelalter mit einer Figur «Maria mit dem Kind» integriert. Beachtenswert ist auch die Gedenktafel mit einem Gemälde vom Bau einer Kirche.

Die Stabkirche Kvernes ist Museumskirche. Eigentümer und Verwalter ist der Altertumsverein (Fortidsminneforeningen).

*Nächste Seite: Der spätgotische Altarschrein, ein norddeutsches Werk, ist in die Altartafel von 1603 integriert*

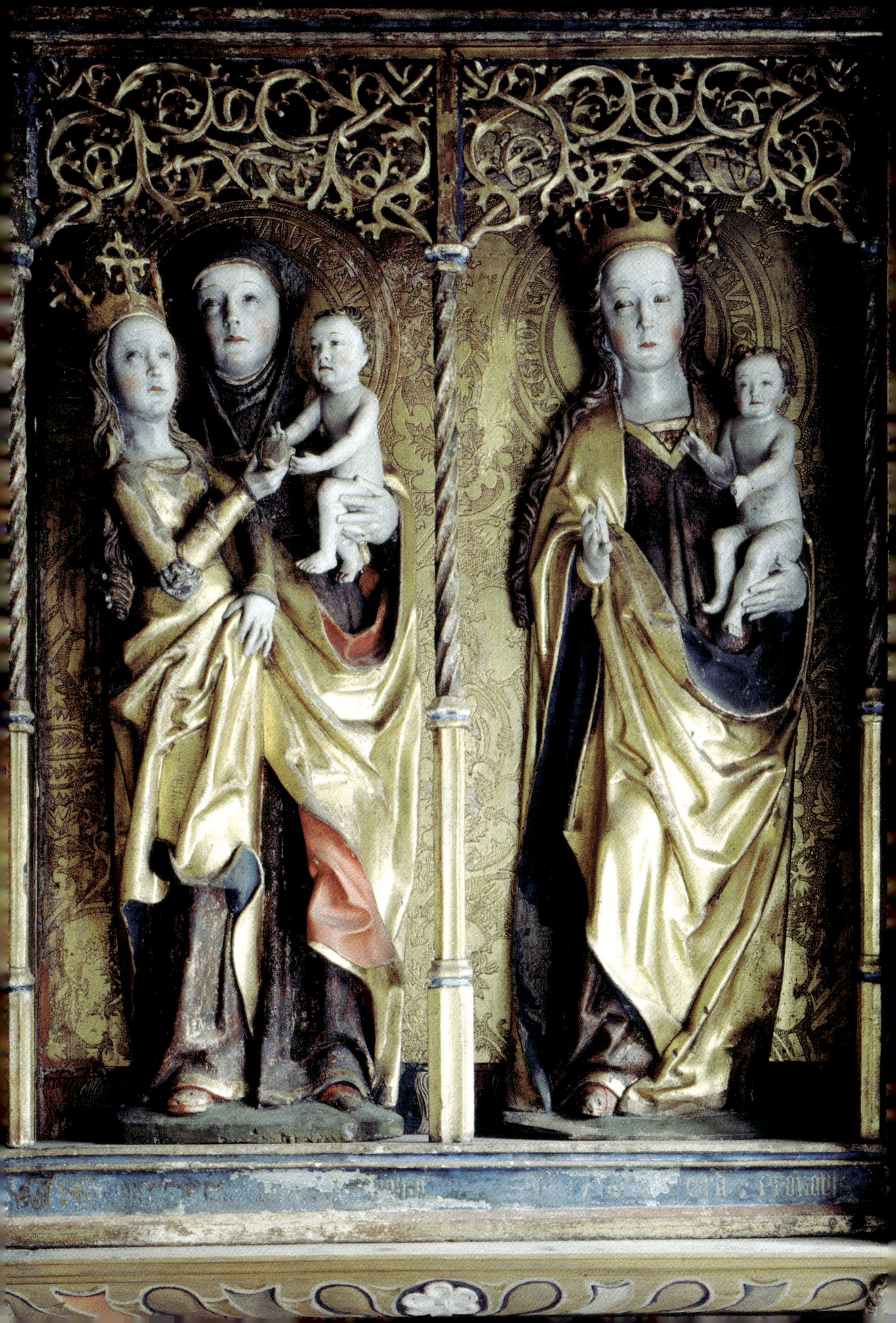

*Die neue Kirche Kvernes wurde 1893 eingeweiht. Danach wurde die Stabkirche nicht mehr benutzt*

*Königsmonogramm in der Chortrennwand, dahinter die Altartafel*

*Die vorderen, in sich geschlossenen Kirchenbänke sind etwas anders gestaltet*

*Seiten 144–145: Seitenteile der Kirchenbänke auf der Nordseite des Schiffes*

*Auf der Gedenktafel an der Nordwand ist der Bau einer Kirche dargestellt*

*In die Altartafel von 1603 ist ein spätgotischer Altarschrein integriert. Der Chor wurde 1633 angebaut*

*Blick durch das lang gestreckte Kirchenschiff zum Chorraum. Die Säule ist kein Mittelmast, sondern dient als Abstützung des Dachreiters*

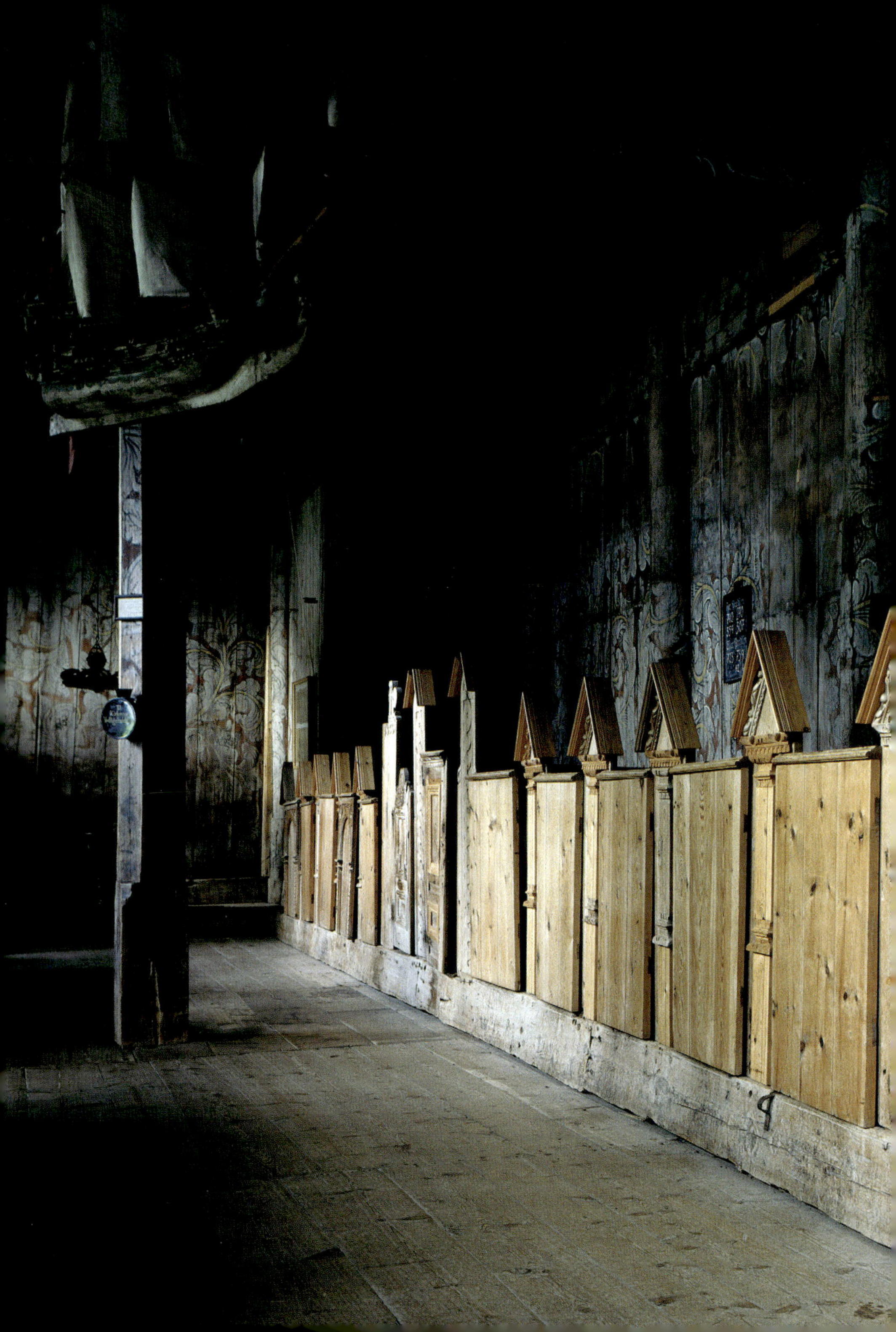

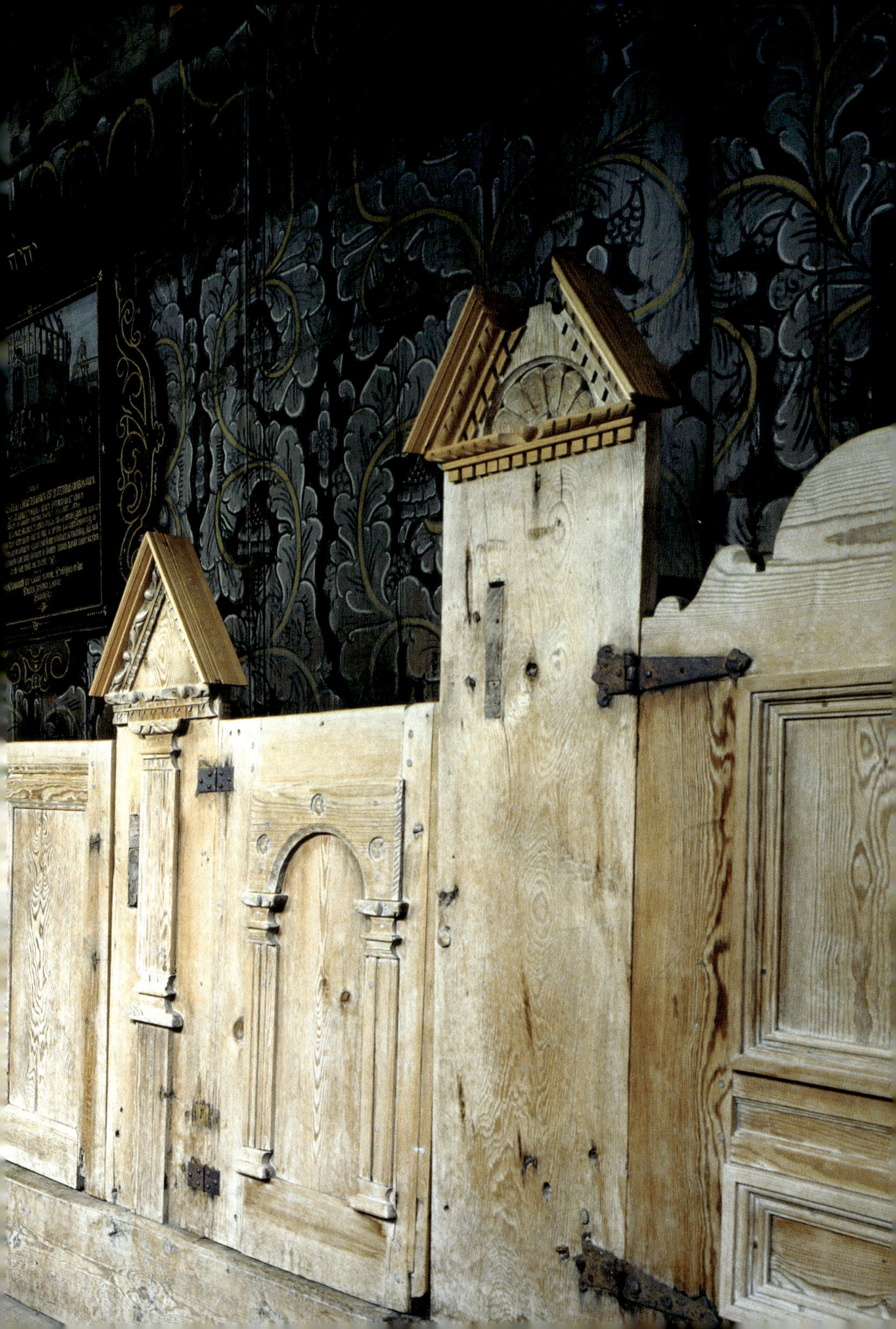

# GRIP

*Grip ist ein Sommerparadies: Überall auf der Insel spielen Kinder, auch vor der Kirche*

*Gemeinde Kristiansund (Bezirk Møre og Romsdal). Erst kürzlich auf das 17. Jahrhundert datierte Stabkirche des Møretyps. Auf der Insel Grip, etwa eine halbe Stunde mit der Fähre von Kristiansund. Altarschrein aus dem 15. Jahrhundert*

*Nächste Seite: Der Altarschrein vom Ende des 15. Jahrhunderts wurde wahrscheinlich in Norddeutschland gefertigt*

Die Stabkirche auf der Insel Grip ist ein Teil der alten Fischersiedlung. Um sie herum stehen Wohnhäuser dicht an dicht, fast wie in einer Stadt. Die Insel ist nicht mehr bewohnt, wird aber im Sommerhalb-jahr von vielen Gästen besucht. Ausflügler und Urlauber haben die Fischer und andere Insulaner abgelöst und nutzen heute die alten, malerischen Häuser.

Die Kirche ist eine der allerkleinsten. Sie ist dem sogenannten Møretyp zuzurechnen, auch wenn die schrägen Außenstützen fehlen. Eine solche Abstützung war hier nicht erforderlich, da ja andere Gebäude ausreichend vor Sturm und Wind schützen.

Lader os glæde og fryde os, og give Gud æren, thi Lammets Bryllup er kommet, og hans Brud
haver beredt sig. Joh. Aab. 19. Cap. 7 v. Se jeg kommer snart, salig er den som bevarer denne Bogs Propheties ord.
Jh. Aab. 22. Cap. 7 v.

*Die Kirchturmspitze überragt die Hausdächer auf dieser malerischen Insel nur knapp*

*Nächste Seite: Eine der kleinsten Stabkirchen. Die Altartafel ist nach der Restaurierung wieder an ihren Platz zurückgekehrt. Die Dachkonstruktion ist authentisch, die Kirchenbänke gehen auf eine Restaurierung in den 1930er Jahren zurück*

Bei einer Jahresringanalyse wurde kürzlich festgestellt, dass die Stabkirche Grip auch eine der allerjüngsten Stabkirchen ist, sie wurde nämlich erst im 17. Jahrhundert erbaut. Auch wenn sie nicht aus dem Mittelalter stammt, ist die Stabbauweise deutlich zu erkennen.

Im Inneren ist der größte Teil der ursprünglichen Konstruktion unter der neueren Holzverschalung erhalten. Ein schöner Altarschrein aus dem 15. Jahrhundert ist der wertvollste Gegenstand im Kirchenraum. Er wurde in Norddeutschland angefertigt und kam in der Hansezeit über Bergen auf die Insel, wie viele ähnliche Altarschreine im Norden des Landes.

Die authentische Fischersiedlung Grip und die dortige Stabkirche sind einen Besuch wert. Die Stabkirche ist im Sommer für Besucher geöffnet, und gelegentlich finden hier Gottesdienste statt, unter anderem am Tag des heiligen Olav (29. Juli).

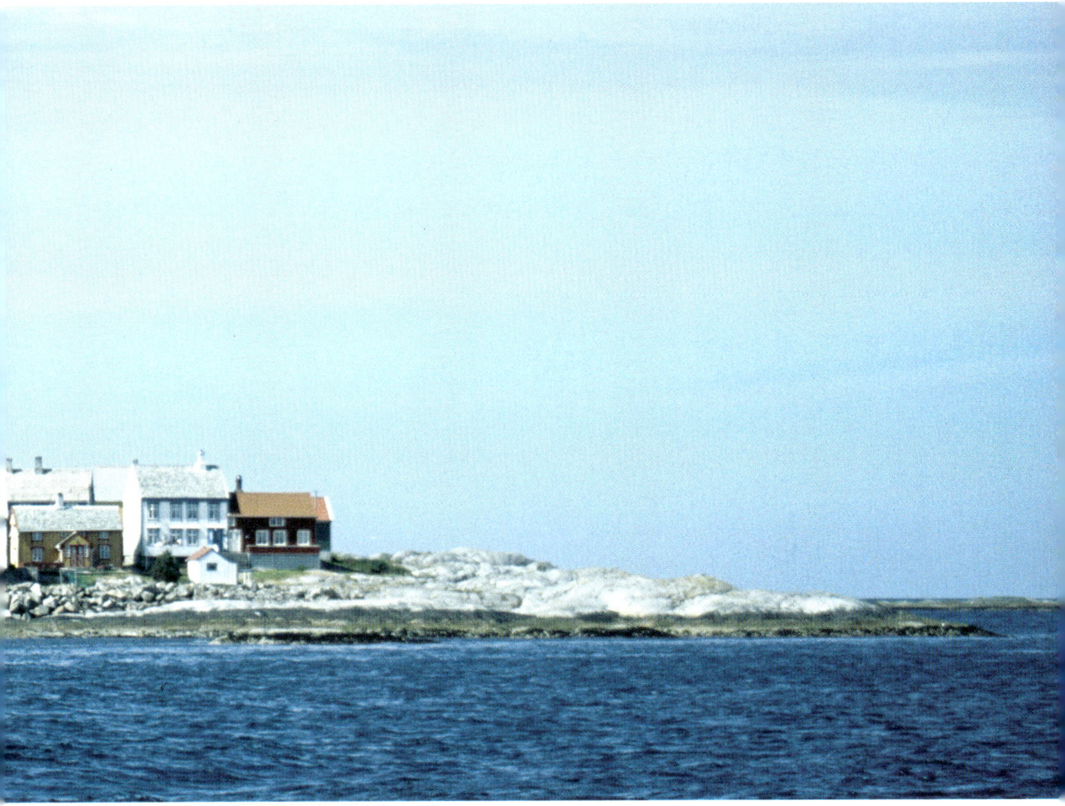

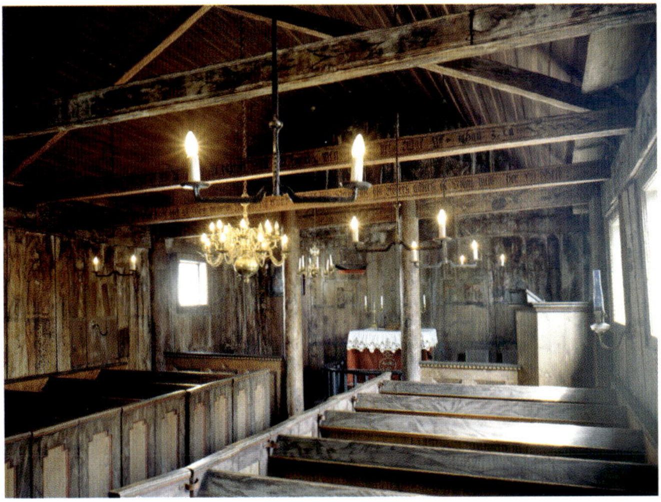

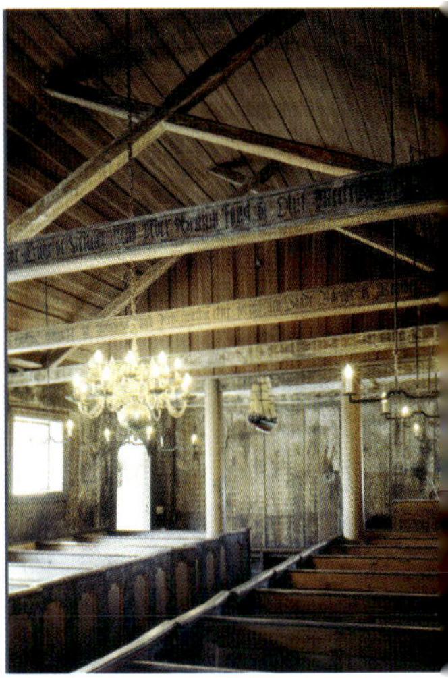

# RØDVEN

*Stabkirche Rødven mit der neuen Kirche von 1907. Die Kirche ist mit einer liegenden Holzverschalung Typ «Vestland» versehen, und an den Seitenwänden sind die Außenstützen typisch*

*Gemeinde Rauma (Bezirk Møre og Romsdal). Um 1300 erbaut. Stabkirche des Møretyps. Zwei Portale unter der Holzverschalung. Gotisches Kruzifix aus dem 13. Jahrhundert, Altartafel und Kanzel von 1712*

*Nächste Seite: Mehrere der in sich geschlossenen Kirchenbänke tragen eine Jahreszahl und das Königsmonogramm*

*Inneneinrichtung und Inventar stammen zum großen Teil aus dem 17. Jahr-hundert, sind aber gut erhalten*

Die Stabkirche Rødven ist schön gelegen, nicht weit vom Romsdalsfjord entfernt. Es handelt sich hier um eine der drei erhaltenen Stabkirchen des sogenannten Møretyps. Auch hier sind die schrägen Stützen an den Außenwänden unverkennbar. Nach der Einweihung der neuen Kirche (1907) ging die Stabkirche in den Besitz des Altertumsvereins (Fortidsminneforeningen) über.

Unter der Holzverschalung vom Typ «Vestland» verbirgt sich eine weitgehend intakte Stabkirche. Die Holzverschalung verdeckt auch die beiden Portale des Kirchenschiffes, das Südportal und das Nordportal. Besonders das Südportal ist eine Seltenheit.

An Mittelalterinventar ist wenig erhalten geblieben, umso beeindruckender ist daher das große gotische Kruzifix im Kirchenraum. Das vorhandene Inventar stammt zum großen Teil aus dem 17. Jahr-hundert und ist in einem guten Zustand, so dass der Kirchenraum ein harmonisches Ganzes bildet. Altartafel und Kanzel sind von 1712.

Eigentümer und Verwalter dieser Museumskirche ist der Altertumsverein (Fortidsminneforeningen).

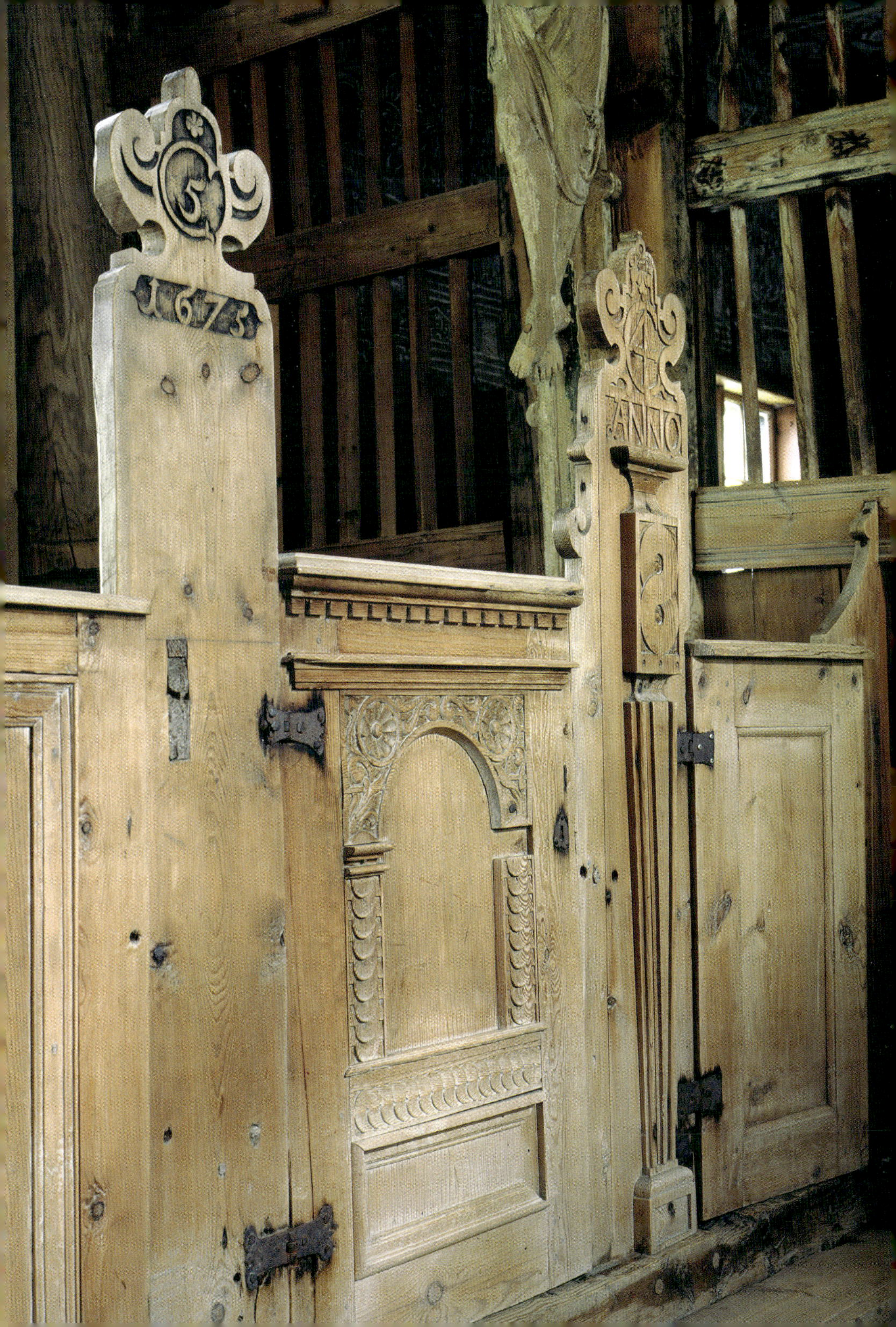
1675
ANNO

*Nächste Seite: Das große frühgotische Kruzifix beherrscht den Kirchenraum*

*Einfache Sitzbänke auf der Empore*

*Eine der Zwischensäulen der Nordwand*

*Das normalerweise von der Holzverschalung verdeckte Südportal ist eine große Seltenheit*

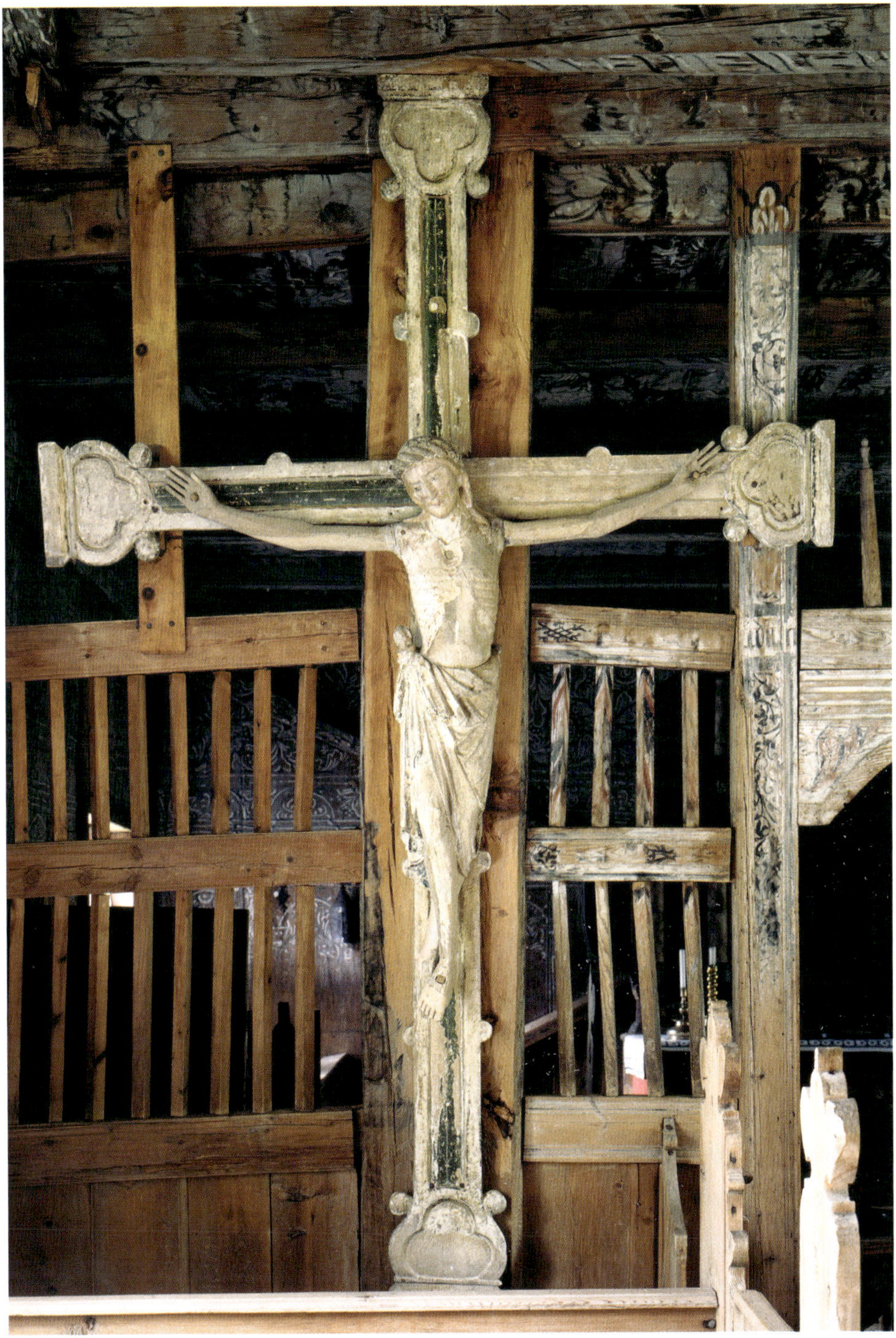

Altartafel von 1712. Auch die Ornamente stammen wahrscheinlich aus dieser Zeit

Hinter der Holzverschalung verbirgt sich viel Graffiti aus dem Mittelalter, hier an der Südwand

*Die Stabkirche liegt am Romsdals-fjord, umgeben von großen Birken*

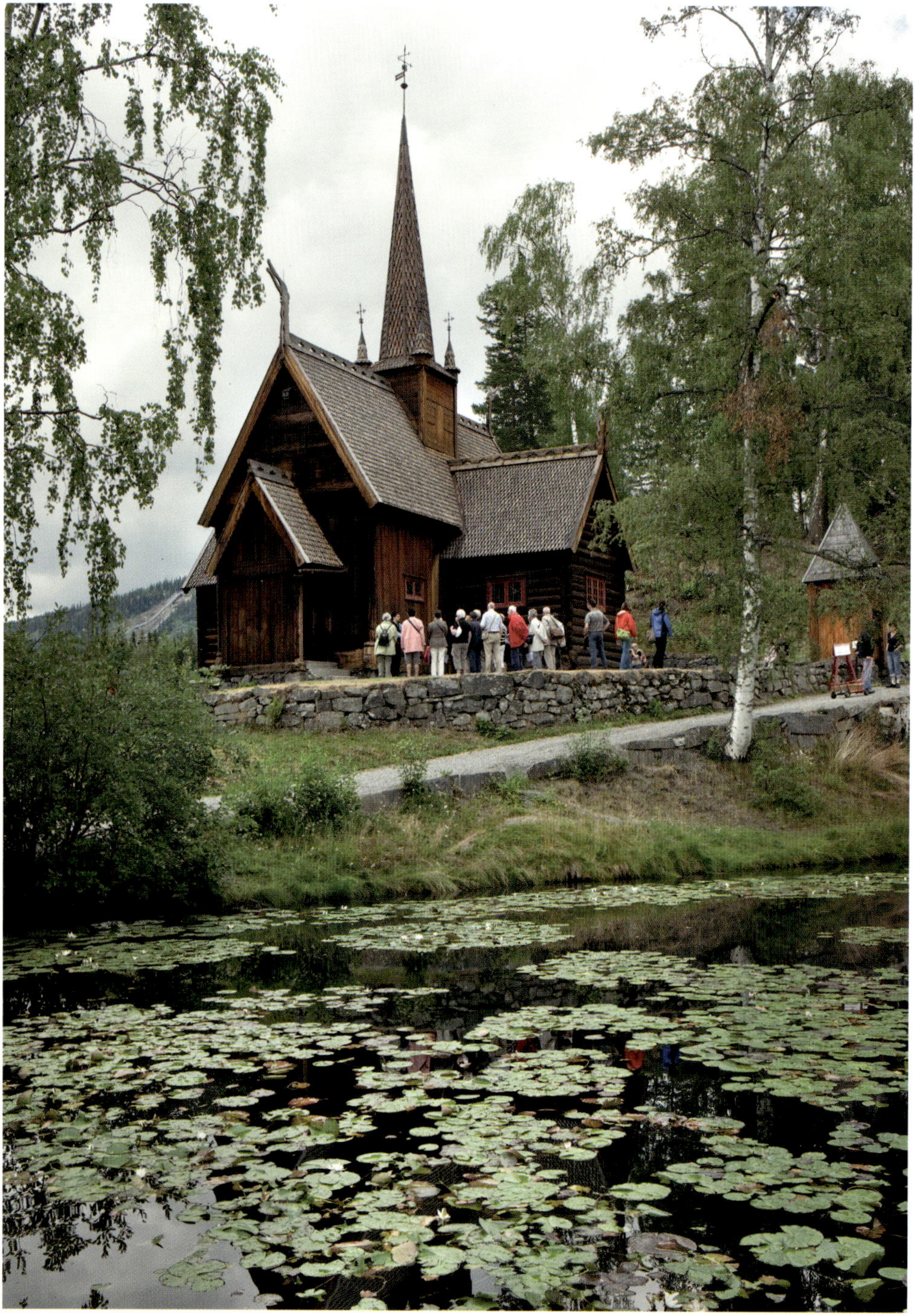

# Litteratur

Anker, Leif: *De norske stavkirkene*, ARFO, 2005
Storsletten, Ola: *En arv i tre*, Aschehoug, 1993
Anker, Peter: *Stavkirkene, deres egenart og historie*, Cappelen, 1997
Bugge, Gunnar: *Stavkirker*, Grøndahl Dreyer, 1993
Valebrokk, Eva: *De utrolige stavkirkene*, Boksenteret, 1993
Rasmussen, Alf Henry: *Våre kirker*, Vanebo forlag, 1993
Hauglid, Roar: *Norske stavkirker*, Dreyers forlag, 1969
Bugge, Anders: *Norske stavkirker*, Dreyers forlag, 1953
www.kunsthistorie.com/fagwiki/Portal:Stavkirke

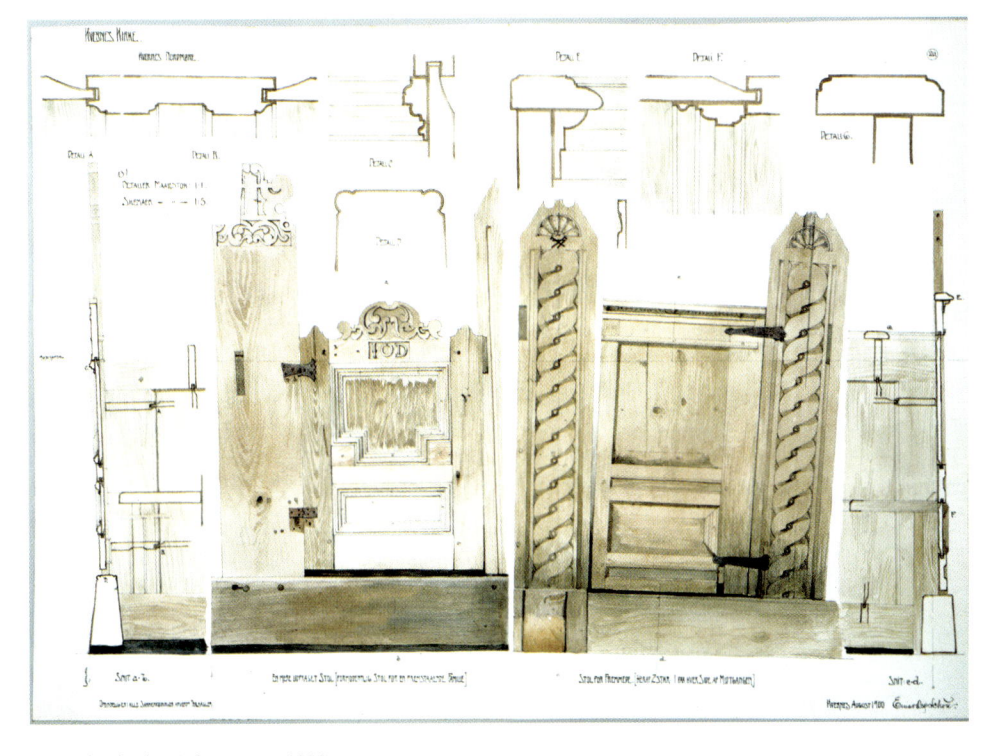

*Kirchenbänke der Kirche Kvernes. 1900
von Einar O. Schou ausgemessen*

*Vorige Seite: Stabkirche Garmo im Freilichtmuseum Maihaugen in Lillehammer*

ISBN 978-82-91399-34-8 (Norsk)
ISBN 978-82-91399-35-5 (English)
ISBN 978-82-91399-36-2 (Deutsch)
ISBN 978-82-91399-39-3 (Français)

© Copyright ARFO, Jiri Havran
ARFO, forlag for arkitektur og kunst
Fauchalds gate 1
0365 Oslo
E-mail: havran@online.no
www.arfo.no

Photo: Jiri Havran

Translation:
Tim Challman (English)
Ulrich Linnemann (Deutsch)
Bruno Metz (Français)

Printed by: Akontext s.r.o, Prague, Cz

Special thanks to:
Ola Storsletten, Dag-Ivar Rognerød, Fortidsminneforeningen